Françoise LAFARGE

Professeur de Première supérieure au lycée Henri-IV

L'EXPLICATION DE TEXTE À L'ORAL

Ouvrage publié sous la direction de
Claude Thomasset

ARMAND
COLIN

ISBN : 2-200-34443-0

SOMMAIRE

INTRODUCTION

L'explication de texte orale, ou explication linéaire, est un exercice pratiqué dans les lycées, à l'université et dans les classes préparatoires. Sur programme ou hors programme, elle figure à l'oral des concours des Écoles normales et à celui du Capes et de l'agrégation. À l'écrit, elle a cédé la place au commentaire composé, considéré comme plus synthétique et plus propre au travail de rédaction. Michel Charles — qui a écrit l'histoire[1] du genre — a bien montré que, dans son origine même, l'explication se séparait de l'écrit et pouvait se réduire à un ensemble de notes pour éclairer un texte. Celle-ci avait donc une fin strictement pédagogique et ne trouvait sa justification que dans un rapport maître-élève, et uniquement dans ce sens, le candidat se livrant à l'exercice de l'explication devant toujours plus ou moins mimer la situation d'un professeur face à une classe.

Ce petit livre nous aura au moins donné l'occasion d'affirmer, après bien d'autres, que la frontière oral/écrit, quoique réelle, est ici mal placée et que la communication qui s'établit lors de l'explication orale est complexe et, en tout cas, ne se calque pas sur ce modèle pédagogique bien trop univoque.

Il peut paraître artificiel de donner par écrit le modèle de ce qui sera énoncé oralement, mais c'est cet écart, révélateur de l'ambiguïté même du genre, qui fait pour nous son prix. Nous pensons en effet que le travail d'élaboration de l'explication linéaire est bien un travail qui relève de l'écrit, qu'**il est une réécriture du texte**, comme Barthes l'a démontré pour la pratique critique. Relève clairement de l'oral l'exercice de l'énonciation d'un candidat devant un jury, d'un professeur devant une classe, d'un conférencier devant un public. Mais cette oralité se fonde sur une pratique de communication et n'entame pas le rapport au texte qui reste, lui, de l'ordre de l'écrit. Nous nous sommes efforcé de donner des

1. « La lecture critique », in *Poétique* n° 34, avril 1978.

conseils précis pour l'exercice oral proprement dit, conseils pour la lecture du texte, pour la diction de l'analyse linéaire et pour celle, essentielle, de la conclusion.

Reste un écart encore — majeur —, à savoir que parler n'est pas lire. Quel que soit l'état de son travail de préparation, simples notes, rédaction de formules, indications de plan, passages rédigés, le candidat ne doit pas lire ; car lire un fragment, c'est toujours lire ; il doit parler, or parler d'après un texte écrit est possible. C'est une autre pratique, celle que Francis Ponge appelle la *tentative orale* et qui nous vaut le «dire», au cours d'une conférence, d'un superbe poème sur la forêt, poème «écrit/parlé» qui pourrait nous servir à tous d'exemple, orateurs de l'écrit que nous sommes.

Le conférencier ainsi que le candidat sont aidés parce qu'un statut véritable de communication existe : il s'agit de parler à un auditeur, à un auditoire qu'il faut convaincre, dont il faut emporter l'adhésion. Le discours de l'explication est donc aussi une adresse ; l'étudiant doit garder une attitude ouverte et non refermée sur son propre discours. Le regard, le visage, mais aussi la diction doivent conduire non, certes, à un vrai dialogue, mais à un entretien. Au cours des modèles d'explication que nous donnons, nous avons usé nous-mêmes d'une rhétorique de la persuasion. Les différentes formes de l'amplification, les gradations, les effets de répétition sont les figures qu'il est loisible d'employer sans excès à l'oral.

Mais, avant d'en venir à ces exemples, nous avons consacré un premier mouvement au savoir nécessaire à l'analyse littéraire. Nous avons placé ce développement en tête de l'ouvrage parce qu'il est impossible d'en faire l'économie. Ce savoir est emprunté à la critique littéraire sous ses diverses formes, à l'histoire littéraire, à la linguistique, à la rhétorique, à la grammaire et à la stylistique. Nous n'avons pas fait intervenir, à ce moment de notre étude, l'apport des sciences humaines que nous évoquerons au fur et à mesure des explications ; nous ne voulons considérer d'abord que des savoirs et des techniques immédiatement opérants et capables de fournir les outils nécessaires à l'explication. L'explication de texte se définit alors comme le déploiement, **le dégagement d'un sens**, en même temps que celui de ses moyens. L'on voit que l'explication se rapproche du commentaire stylistique et de la critique et qu'elle s'éloigne de la poétique, telle que la définit Gérard Genette à l'ouverture de son ouvrage *Palimpsestes.* Le déploiement systématique des moyens et des effets ne vise à l'étude d'aucun «architexte», mais bien à dégager, à «glorifier», selon le terme de Roland Barthes, l'individualité d'un texte particulier. L'obligation, propre à l'exercice, de suivre ligne à ligne le texte contribue à préserver plus étroitement encore l'individualité du texte : à la lettre, l'explication linéaire «décrit» le texte comme on trace une courbe, avec la même fidélité et la même précision.

Nous étudions dans un second mouvement la méthode proprement dite de l'explication de texte à l'oral. Nous avons un double projet : accentuer les caractères et les exigences du discours oral sans négliger quelques conseils pratiques et rendre sensible encore le travail particulier de l'explication. Ce travail, contrairement aux idées reçues et aux critiques qu'a pu rencontrer l'exercice depuis sa création, est moins microscopique que synthétique, et moins fondé sur l'observation méticuleuse que sur la culture et la force de l'imagination.

Les six textes choisis — pris à des genres différents comme le roman, le théâtre, le discours philosophique et la poésie, s'échelonnant du XVIIe au XXe siècle — et leurs explications se veulent des exemples, à fin pédagogique, pour une meilleure pratique de l'exercice. Nous espérons aussi montrer que la littérature replacée, par ses textes et leurs explications, dans l'ensemble de la culture est, certes, source de plaisir, mais est, au plus haut degré, une forme de la pensée.

1

LES OUTILS DE L'EXPLICATION DE TEXTE

Tout texte, pour être compris, doit être situé dans l'histoire et plus particulièrement dans l'histoire littéraire. Les apports de cette discipline sont essentiels et même indispensables au travail de l'explication mais ils ont la particularité de conduire la recherche dans un domaine hors texte : la vie des auteurs, les conditions sociales et historiques, les contextes politiques, le mouvement des idées, les conditions de production et de réception de la culture, la diversité de ses formes. Dans la pratique, cette recherche occupe un temps antérieur à l'exercice proprement dit de l'explication ; tel n'est pas le cas, nous le verrons, des autres instruments de l'analyse, qui souvent s'appliquent directement et immédiatement à l'exercice. Il convient donc de réintroduire ces données du savoir le plus efficacement et aussi le plus élégamment possible, c'est-à-dire sans détruire la qualité et le mouvement du texte : la méthode la plus fréquemment utilisée, qui consiste à livrer dans l'introduction, en vrac, toutes les informations possibles, est loin d'être la meilleure ; nous espérons donner, dans la seconde partie de cet ouvrage comme dans les quelques remarques qui vont suivre, quelques exemples des solutions possibles.

1. OUTILS PROPRES À LA MISE EN SITUATION EXTERNE DU TEXTE

1.1 Histoire

Repères biographiques

Même si la notion d'auteur et de «vie de l'auteur», mise au point par Sainte-Beuve, est datée, même si elle a été fortement mise en question par la critique moderne — et par Roland Barthes en particulier — l'analyse littéraire la retrouve aujourd'hui sous différentes espèces, travaillant le texte de l'intérieur, y laissant marques et traces. La connaissance des lieux d'une vie, des relations familiales, des modes d'acquisition d'une culture, des rencontres avec le temps de l'histoire, permet une appréciation plus précise et plus juste d'une situation qu'un écrivain, volontairement ou non, impose à son œuvre.

Ainsi Proust, pourtant le plus grand détracteur de la « méthode de Sainte-Beuve », note-t-il, dans les pages qu'il consacre dans le *Contre Sainte-Beuve* à Gérard de Nerval, que les différents voyages de l'écrivain en Allemagne et en Orient, sa traduction de Faust, sa visite à Gœthe interdisent de voir en lui un écrivain classique et permettent de reconnaître, dans le texte de *Sylvie*, l'étrangeté romantique et la puissance de la mélancolie.

L'histoire littéraire, la socio-critique

Ces disciplines ne sont pas équivalentes et elles sont en constante évolution mais elles contribuent à penser l'œuvre en situation dans le mouvement de l'histoire, à y voir moins un reflet qu'une production et à retrouver les marques de cette situation jusque dans les aspects les plus précis de l'œuvre.

Depuis les travaux de Jean-Pierre Vernant sur la tragédie grecque, ceux de Lucien Goldmann sur la tragédie racinienne, il est impossible d'étudier la portée tragique d'un texte sans poser la relation du religieux et du politique, sans faire se correspondre les structures du judiciaire et la forme de la tragédie.

Histoire des idées, histoires des formes

L'histoire littéraire prend aujourd'hui le plus souvent l'aspect de l'histoire des idées : ainsi *L'École du désenchantement,* titre de la dernière somme critique de Paul Bénichou, fait entendre la tonalité particulière « d'une famille d'esprits désillusionnés » qui, loin de constituer une école, font, « chacun selon sa propre voie », écho à une mélancolie commune. Le critique définit minutieusement et à partir des textes la qualité propre de ces diverses plaintes, il les explique par leurs rapports avec les structures historiques et culturelles du XIXe siècle et peut ensuite caractériser synthétiquement, sous le nom d'un auteur — Sainte-Beuve,

Nerval — la pensée majeure, une sorte de grande voix, qui se dégage d'une œuvre.

L'histoire littéraire peut recouvrir aussi une étude des formes au sens non plus de supports des idées, voire des idéologies, mais comme un système variable de structures et de fonctions. Les travaux de Philippe Lejeune sur l'autobiographie mettent en rapport une structure de l'œuvre, définie très précisément et même de manière restrictive, le «pacte autobiographique», avec, à un moment précis de l'histoire, l'apparition de la notion de personne dans la conscience bourgeoise. L'autobiographie est la forme qui apparaît avec cette conscience et survivra avec elle ; dépendante de l'évolution et des transformations de cette conscience, elle est susceptible de très sensibles transformations. Philippe Lejeune a d'ailleurs consacré l'ensemble de son œuvre critique à la variation de ce modèle : il y a loin, en effet, des *Confessions* de Jean-Jacques Rousseau à *Biffures* de Michel Leiris et à l'autobiographie sartrienne, *Les Mots*.

1.2 Nouvelles approches critiques

Critique de la production

Gérard Genette dans un article de *Figures III*, «Poétique et histoire», refuse le titre d'histoire *littéraire* aux études qui s'attachent moins aux œuvres elles-mêmes qu'à leur condition de production et de consommation. Il nous semble cependant qu'il est aujourd'hui indispensable à l'explication de texte de prendre ces conditions «matérielles» en considération. Comment en effet étudier les aspects concrets d'une scène de Molière sans prendre en compte l'histoire des salles, des troupes, celle de la formation des acteurs, de leurs conditions professionnelles, l'histoire de leur jeu, l'état des rivalités avec les autres formes du spectacle — opéra, théâtre italien, théâtre de foire — et les prolongements ou les origines politiques de ces aspects ?

Critique génétique

Il semble que cette nouvelle approche de l'œuvre ne puisse être considérée comme un outil approprié à l'explication de texte puisqu'elle s'attache exclusivement aux manuscrits, aux brouillons, à l'« avant-texte » et non au texte lui-même, achevé et publié.

Cependant la connaissance, depuis longtemps établie, de célèbres « avant-textes », comme les scénarios de Flaubert, contribue à former une véritable mémoire du texte dont la lecture érudite, consciemment ou non, ne peut faire abstraction. Le poète Francis Ponge fait connaître et publie ses « brouillons » au même titre que l'œuvre, brouillant les pistes et conduisant à s'interroger sur les limites et la notion même de texte : ainsi *Le Pré* paraît accompagné de *La Fabrique du Pré*, le texte et sa genèse ne se distinguant, dans l'édition Skira, que par la couleur des pages, vertes et brunes, et s'offrant également au plaisir des yeux et à la curiosité du lecteur.

Lorsqu'il s'agit, non plus de manuscrits, mais de premières versions d'un texte, la critique génétique demeure un instrument efficace car comment comprendre et définir un passage du *Cid, tragédie* (1648), sans le comparer à la première version de 1637, si différente, et jouée et publiée sous le titre générique *tragi-comédie ?*

Critique de la réception

L'étude de la réception d'un texte ne se borne pas à l'histoire des réactions d'un public. Le concept d'« horizon d'attente » défini par Hans Robert Jauss, constitué par l'expérience préalable qu'un ensemble de lecteurs a du genre de l'œuvre, par la hiérarchie des valeurs littéraires d'une époque donnée, ne se concrétise pas à l'extérieur de l'œuvre : il est lisible dans l'œuvre même. Les comédies de Corneille, comme *La Veuve* ou *La Place Royale*, mettent en scène, non sans ironie, l'attente que le public a de la tragédie, de son discours hyperbolique, de ses situations excessives. Elles en écrivent par avance la critique. Il appartient à l'explication de texte de reconnaître de telles directions de lecture. Souvent les auteurs usent des titres, des préfaces, des postfaces, des exergues, des « seuils » étudiés par Gérard Genette, pour explicitement et par avance diriger la réception de leur texte. L'explication de texte s'en trouve facilitée mais il apparaît clairement ici qu'elle est elle-même une réception du texte parmi d'autres et qu'elle doit aussi se poser comme telle, indiquant ses propres « horizons ».

2. Outils propres à l'analyse textuelle interne

2.1 Typologie des textes

Ce n'est pas le lieu ici d'exposer le débat à propos de la distinction des genres ; la notion de genre est elle-même sujette à discussion et par ailleurs il apparaît évident qu'un texte, *a fortiori* une œuvre entière, participe de plusieurs genres à la fois. On pourra sur ce point lire avec profit les quelques pages qu'Alain Boissinot consacre à la validité de la notion de genre dans son ouvrage *Les Textes argumentatifs* au chapitre «Classer les textes». Sans négliger les analyses de Jean-Michel Adam proposant des unités plus précises qui se succéderaient dans un même texte — «la séquence», narrative, descriptive, explicative qui constituerait le texte comme une structure «séquentielle» —, Alain Boissinot n'abandonne pas la notion de typologie des textes.

Dans la perspective qui nous intéresse, c'est-à-dire l'approche par l'étudiant d'un texte qui doit être expliqué, la **reconnaissance du genre** est essentielle : elle est la première «saisie» du texte ; elle constitue comme un premier contact avec un ensemble qui, grâce à l'appréhension d'une forme encore assez générale — une narration, une scène de théâtre, une structure versifiée — se laisse déjà situer dans une longue histoire des genres, dans une stratégie, celle de l'écrivain qui a choisi telle ou telle forme d'écriture, dans l'histoire aussi de la lecture et de l'explication, exercices qui précisément se sont constitués à partir de telles distinctions.

Nous respecterons donc, dans l'étude méthodologique, les distinctions classiques, textes narratifs, textes poétiques, textes argumentatifs, textes de théâtre. Les explications de texte montreront combien la frontière des genres est fragile et comment l'art de l'écrivain consiste à jouer de cette fragilité.

Les textes narratifs

L'étude des structures narratives comporte deux versants, l'un thématique, portant sur l'histoire ou les contenus narratifs, l'autre formel, ou plutôt modal portant sur le « récit comme représentation ». Nous empruntons cette distinction et ce vocabulaire à Gérard Genette et à son ouvrage *Nouveau discours du récit,* véritable somme récapitulative des structures narratives.

Le premier type d'analyse permet l'étude des **fonctions des personnages** et de leurs rôles comme actants. La *Morphologie du conte* de Vladimir Propp est un bon modèle du traitement que l'explication de texte doit imposer à la notion de personnage pour déterminer leurs rôles et places dans un récit : un personnage de roman, voire d'un drame, n'est pas que la mimésis d'une personne ; il est d'abord une *fonction* dans le développement du récit comme quête, comme recherche : tantôt *sujet* ou *objet*, animé ou inanimé, abstrait ou concret ; tantôt *destinateur* qui commande la recherche, ou *destinataire* qui en bénéficie ; *adjuvant* ou *opposant*. Temps et lieu participent de cette structure : il y a toujours un espace à parcourir, un lieu que l'on quitte, un lieu à atteindre. Le temps se mesure au passage d'un déséquilibre à un équilibre retrouvé et structure le récit en une succession de séquences.

Le second type d'analyse conduit d'abord à l'étude essentielle de l'**énonciation** et à la question des voix : aucun texte narratif ne peut se laisser aborder sans que lui soit posée la question «qui parle ? qui raconte ?». Les positions respectives et les relations souvent complexes du narrateur et des personnages, parfois de ces deux premières instances avec celle de l'auteur, comme dans le cas de l'autobiographie, permettent de définir une «situation narrative» dont nous montrerons l'importance pour statuer du sens d'un texte.

Participent à la situation narrative, au même titre que les voix, les **modes** : «qui voit ? qui entend ? qui perçoit ?» Autant de questions que doit poser l'explication de texte comme prémisses à tout autre déploiement du sens. Les réponses sont plurielles et diversifiées. Nous distinguons, avec Gérard Genette, deux modes et seulement deux, selon qu'il y a ou non restriction de champ, soit :

– la focalisation zéro : sans restriction de champ, un narrateur, dit «omniscient», en fait créateur tout-puissant, raconte, décrit, analyse ; il est maître des actions, des lieux, des temps, des consciences et des volontés : tel est le cas de la majeure partie de la narration de *Madame Bovary,* à l'exception de l'ouverture ;

– la focalisation interne : avec une restriction de champ très marquée, tout est raconté, décrit, perçu selon le point de vue d'un personnage, sans que des données étrangères à son expérience puissent intervenir : ainsi le récit de la rencontre de Manon et du chevalier des Grieux à l'ouverture de *Manon Lescaut.*

Un exemple nous suffira pour montrer l'importance pour le lecteur d'un juste et immédiat déchiffrement d'une « situation narrative ». Le très remarquable et très célèbre incipit de *Madame Bovary* :

> « **Nous** étions à l'étude, quand le proviseur entra, suivi d'un *nouveau* habillé en bourgeois et d'un garçon de classe qui portait un grand pupitre. »

instaure une situation narrative, relativement brève, bien délimitée — quelques pages — mais surtout unique dans le roman où elle n'est jamais reconduite.

La présence de la première personne du pluriel, « **Nous** », à la fois sujet grammatical, voix du narrateur, de celui qui parle et produit le récit, mais aussi instance qui « voit », qui sait, qui se trouve être personnage de la scène d'ouverture, compose donc une structure *homodiégétique*, « le narrateur au premier degré racontant sa propre histoire », suivant la définition de Genette. Cette structure ne se maintient que le temps de la scène de l'arrivée du « nouveau » et semble se clore sur le très bref « sommaire » de la narration de l'étude du soir, avec création d'un nouveau paragraphe, passage à la ligne et alinéa :

> « Le soir, à l'étude, il tira ses bouts de manches de son pupitre, mit en ordre ses petites affaires, régla soigneusement son papier. **Nous** le vîmes qui travaillait en conscience, cherchant tous les mots dans le dictionnaire et se donnant beaucoup de mal. »

La suite du texte est consacrée au récit en focalisation zéro par un narrateur omniscient et sans aucune marque de première personne — narrateur ou personnage — de l'histoire du « nouveau » et de sa famille jusqu'à son arrivée au collège : le temps des événements évoqués dans l'incipit se retrouve et se précise, après cette remontée dans le temps :

> « Six mois se passèrent encore ; et l'année d'après, Charles fut définitivement envoyé au collège de Rouen, où son père l'emmena lui-même, vers la fin d'octobre, à l'époque de la Foire Saint-Romain. »

La boucle est bouclée, la narration retrouve le temps des événements sur lesquels s'est ouverte la fiction.

Peut-être est-ce cette proximité de l'ouverture, cette coïncidence des temporalités, toujours est-il que la narration retrouve brusquement la structure narrative initiale marquée par la présence de la première personne du pluriel :

> « Il serait maintenant impossible à aucun de **nous** de se rien rappeler de lui. »

Cette phrase, avec cet étonnant retour du « **nous** », suit immédiatement le récit précédent mais marque la dernière occurrence de la présence d'un narrateur-personnage.

Dans une autre remarquable coïncidence qui redouble celle des temporalités et des structures, l'on voit que le message, la perte de mémoire, semble justifier la disparition de la première instance narrative : une voix autre doit de toute nécessité prendre le relais de la narration. Le texte présente en effet une autre occurrence du pronom de la première personne du pluriel au chapitre VI de la première partie, mais il a alors une tout autre valeur, la marque de la simple généralité, sans que soit nullement entamée la structure narrative :

> « Si son enfance se fût écoulée dans l'arrière-boutique d'un quartier marchand, elle se serait peut-être ouverte alors aux envahissements lyriques de la nature, qui, d'ordinaire, ne **nous** arrivent que par la traduction des écrivains. »

Ici, la première personne n'a d'autre fin que d'opposer la réaction personnelle d'Emma à celle d'un groupe, d'une génération. Cette valeur est confortée par la présence, à l'ouverture du même chapitre, du pronom personnel pluriel, de la seconde personne cette fois, avec un emploi sensiblement comparable :

> « Elle avait lu *Paul et Virginie* et elle avait rêvé la maisonnette de bambous, le nègre Domingo, le chien Fidèle, mais surtout l'amitié douce de quelque bon petit frère, qui va chercher pour **vous** des fruits rouges. »

Le propos d'une explication de texte, sa tâche particulière et spécifique est de faire rendre sens à une telle structure et non de se contenter — ce qui est la fonction du poéticien comme Gérard Genette — de décrire puis de classer dans un ensemble cette situation narrative, exceptionnelle dans *Madame Bovary* mais très courante par ailleurs. Ici intervient un travail de l'imagination où doivent s'allier la culture et la rêverie, les connaissances diverses que nous évoquons et une hardiesse, une invention dans l'interrogation posée au texte et le dialogue entretenu avec lui.

Nous pensons que ce «**nous**» insistant et bref relève en partie de la part autobiographique du texte, de sa mémoire qui rappelle toujours, à propos de la jeunesse et du collège, l'extraordinaire invention du «garçon», cette pure création poétique de la culture des «potaches» dont nous trouvons trace dans la correspondance de Flaubert et qui apparaît littérairement ici derrière la figure de Charles mais aussi dans les attitudes de ses camarades, ce «nous», mal défini et pluriel, où les traits de Gustave-garçon se dessinent en filigrane.

On a pu dire que ce pronom, bien loin d'être l'effet d'un hasard ou d'une simple variation stylistique, recouvrait une sorte de portée politique et désignait les sujets d'après la Révolution de 1830, ceux qui croyaient peut-être pouvoir dire «nous» et qui, par ailleurs, voient leur présence désignée par les détails remarquables de la description du bourg d'Yonville, soit «le coq gaulois appuyé d'une patte sur la Charte...» et «le drapeau tricolore de fer-blanc». La situation de ce groupe sujet, cette forme de communauté, est très précise puisqu'elle est située après un passé, montré comme très ancien, la Restauration, et le présent d'un temps, non précisé historiquement, mais qui peut sembler contemporain du temps de l'écriture. «L'église a été rebâtie à neuf dans les dernières années du règne de Charles X. La voûte en bois commence à se pourrir par le haut...» et «Depuis les événements que l'on va raconter, rien, en effet, n'a changé à Yonville. Le drapeau tricolore de fer-blanc tourne toujours au haut du clocher de l'église.»

C'est le même présent, marqué par l'adverbe «maintenant», qui qualifiait la clôture de la situation narrative à la première personne du pluriel : «Il serait maintenant impossible à aucun de **nous** de se rien rappeler de lui.» Et ce temps s'accompagne d'une même référence à la mémoire collective. C'est donc l'interprétation de la structure narrative et, plus particulièrement, du choix, inattendu, d'un pronom, qui délivre ici le sens politique et historique du texte.

Nous proposons une autre valeur encore du «**nous**» initial, qui marquerait la référence à une communauté autre qu'à celle des illusions de 1830, communauté de la langue et des niveaux de langage. Comme l'écrit Roland Barthes dans *Le Bruissement de la langue* et plus précisément dans l'article «La division des langages», «le roman, dès lors qu'il est devenu réaliste, a fatalement rencontré sur son chemin la copie des langages collectifs ; mais en général l'imitation des langages de groupe (des langages socioprofessionnels) a été déléguée par nos romanciers à des personnages secondaires, à des comparses cependant que le héros continue de parler un langage intemporel...» Or ici l'ouverture romanesque qui coïncide avec l'emploi du «**nous**» se voue tout entière à la reproduction, dans le milieu du collège, du langage, sorte d'«argot potachique», inséparable des us et coutumes de ce même groupe : ainsi les expressions, d'ailleurs portées en italique, «un *nouveau*», «*dans les grands*» qui voisinent avec les appellations «le garçon de classe», le «maître d'études», et l'habitude de «jeter nos casquettes par terre», habitude appelée à son tour «le *genre*».

La première personne du pluriel n'isole ici aucun héros, ni le narrateur qui parle et a vécu au sein de cette communauté, ni le lecteur, en quelque sorte contaminé, et qui parle aussi ce langage de la jeunesse des collèges et des études : c'est que le langage n'a pas d'extériorité, qu'il ne ménage aucun lieu d'où une voix distante pourrait le maîtriser. C'est lui, au contraire, qui détermine les sujets parlants et non les sujets qui, l'utilisant, en seraient maîtres et possesseurs. Telle est la leçon de cet extraordinaire incipit qui s'élargit, se prolonge, fait apparaître le langage spirituel et dominateur du professeur — «le casque» pour la casquette, plaisanterie qui rejaillit autant sur le lecteur que sur Charles — et la langue des livres, le latin virgilien de l'*Énéide*, «*Quos ego*», le latin des pensums, «*ridiculus sum*», l'italien de la musique, «*crescendo*» et la célèbre déformation orale «Charbovari».

Plus encore que sur l'imitation réaliste d'un argot particulier, celui des collèges, c'est sur l'invention «énorme» d'une tour de Babel des langues que s'ouvre magistralement *Madame Bovary*. L'emploi de «**nous**» signifie que nous sommes, auteur, narrateur, personnage, lecteur, tous pris au cœur de cette tour de Babel de la langue, tous pris dans ce «vacarme», tous baptisés «Charbovari», tous doués du don des langues comme Spendius, ou emportés dans leur tourmente comme le suffète Hannon, à l'ouverture de *Salammbô*.

Pour conclure nous donnons la parole à Pierre-Marc de Biasi qui éclaire l'incipit de *Madame Bovary* à la lumière de la notion très actuelle de l'exclusion : «Ce qui s'inscrit dans ce "nous", c'est, dès les tout premiers moments du récit, le pressentiment d'une logique fatale de l'exclusion sociale : une opposition violente entre d'une part "notre monde intellectuel", celui du jeune Flaubert, fils de famille, lecteur de Walter Scott, Byron, Cervantes, etc., auteur déjà de récits historiques, et d'autre part la figure solitaire du petit paysan inculte et obtus qui arrive au collège en sachant à peine lire et qui potasse aveuglément ses manuels scolaires pour ne pas être renvoyé» (*Magazine littéraire*, n° 334, Juillet-Août 1995).

Les textes poétiques

Le texte poétique se révèle d'abord, avant même la lecture, au seul regard, par la **disposition** dans la page. Mallarmé, avec *Un coup de dés jamais n'abolira le hasard,* n'a fait que pousser à l'extrême la vertu du poème à user de l'espace pour signifier. Marque essentielle de l'écrit et de la trace, un poème se regarde, une strophe se mesure à sa régularité ou à ses variations : le dizain impose sa structure carrée qui fait bloc, à moins que l'alinéa, comme parfois chez Maurice Scève, ne la brise légèrement ; le sonnet se compte dans l'espace par la diminution sensible du nombre des vers, des quatrains aux tercets, au point que Verlaine peut, par jeu, le disposer à l'envers ; les grands blocs hiératiques de l'épopée, le verset lapidaire de Char comme un trait dans la page, la suite déliée et variée de la fable de La Fontaine, l'aplat modeste et mesuré de l'illumination rimbaldienne, autant de formes qui font sens et que l'explication doit suivre comme un chemin obligé.

L'**oralité** — effective au temps où la transmission de la littérature se faisait par la voix, quand la poésie se chantait, se disait, ou mentalement sensible par l'attention aux signifiants — n'est pas moins que l'écrit travaillée par le texte poétique. Celui-ci met en jeu les sonorités du mot, les effets imposés ou renouvelés du retour du son en fin de vers, la rime, les similitudes comme les différences dans le nombre, la sensibilité à l'unité qu'est la strophe, les pauses, le rythme qui naît de l'accent d'abord, qui se mesure mais toujours demeure libre comme une respiration. Le texte poétique révèle aussi les rapports sensibles que la forme du vers — cet ensemble déjà si complexe — entretient avec la phrase, les éléments de la grammaire, la puissance et la place que leur impose la syntaxe, mais aussi les écarts que permettent les effets de la rhétorique et du style, enfin tous les parallélismes et les équivalences qui mettent en étroite et précieuse relation la lettre, le son, le sens.

On aura reconnu là les éléments de ce que Jakobson a analysé comme «la fonction poétique du langage» qui ne s'arrête pas aux seuls vers mais concerne aussi bien la prose et la prose poétique dès lors que le langage se prend lui-même comme objet.

De nombreux manuels — et d'abord le texte fondateur de Jakobson, *Essais de poétique générale* — permettent de bien mener l'étude technique des textes poétiques. Le travail de l'explication de texte est de tenir comme ramassés et tressés ensemble, dans un ordre juste, comme une note est musicalement juste, tous ces parallélismes, ces correspondances qui constituent le monde spécifique du poème, ou, de façon plus microscopique, l'unité de la strophe et du vers.

Un bref poème de deux strophes de *Romances sans paroles* de Verlaine permet de mesurer l'effort de l'explication qui doit se tenir au plus près de l'exercice même de l'écriture poétique :

L'ombre des arbres dans la rivière embrumée
Meurt comme la fumée
Tandis qu'en l'air, parmi les ramures réelles
Se plaignent les tourterelles

Combien, ô voyageur, ce paysage blême
Te mira blême toi-même,
Et que triste pleuraient dans les hautes feuillées
Tes espérances noyées !

La figure du reflet des arbres dans l'eau retient d'abord le lecteur qui voit l'image se constituer dans la disposition même du poème dans la page, les strophes se reflétant l'une l'autre, comme un jeu de miroir ; leur nombre se limite à deux pour mieux figurer le couple de l'objet et de son reflet mais aussi celui du comparant et du comparé ainsi que les jeux de la métaphore qui éclôt merveilleusement dans le dernier vers.

À ce premier ensemble est lié le travail de la rime, très riche, fondée sur trois homophonies, «embrumée, fumée», et qui, par la lettre et le son, écrit le «même» dans «l'autre» du miroir et de la figure. La relation intertextuelle est également convoquée par la citation en exergue de la Lettre VII de Cyrano de Bergerac : «Sur l'ombre que faisaient les arbres dans l'eau.»

Le lien entre le siècle baroque et la fin du XIXe siècle se fait dans l'histoire des formes sur le mode de l'illusion et du reflet, forme de l'inversion qui est aussi celle des amours de Cyrano et de Verlaine et Rimbaud. Leur errance belge et moderne s'inscrit avec le terme «voyageur» qui rappelle le *viator* antique et la rencontre de la tombe au bord du chemin : la forme de l'épitaphe s'inscrit à son tour dans la page tandis que résonne le chant de «*L'ariette oubliée*». Musique de Lulli, musique de Favart, le XVIIe et le XIXe siècle se correspondent là encore. Mais leur liaison la plus étroite passe par la figure de la mélancolie, mélancolie saturnienne et verlainienne que dessinent les formes penchées sur les eaux, prêtes à s'y noyer, et les postures confondues du voyageur et du lecteur qui, courbés, l'un sur le paysage, l'autre sur le livre, contemplent l'image de leur mort. Reste le poète qui, par la discrète variation des temps, du présent au passé simple de l'événement, et par l'introduction de la seconde personne, se désigne lui-même et s'adresse le plus subtil et cruel miroir où voir, multipliée, reflétée, chantée, sa détresse.

Les textes de théâtre

Le texte de la scène offre une autre pluralité que celle du texte poétique, mais non moins sensible : il est double car toujours il est texte et représentation ; et même si l'explication n'a pas à commenter la représentation elle-même, ce qui s'avérerait impossible, elle ne peut oublier la vocation du texte à être vu, entendu, adressé à un public ; et l'oublierait-elle que le texte lui-même le lui rappellerait, par des marques sensibles, les *didascalies*, du moins celles d'entre elles qui renvoient à la représentation scénique. Il nous semble que, peu ou prou, cette **dualité**, essentielle au texte de théâtre, est toujours passée sous silence ; ou, si elle est reconnue et affirmée, elle n'est pas mise en œuvre pendant l'explication et par elle. Nous citons, pour preuve, la phrase d'ouverture de l'ouvrage d'Anne Ubersfeld, *L'École du spectateur* : «Contrairement à un préjugé fort répandu et dont la source est l'école, le théâtre n'est pas un genre littéraire. Il est une pratique scénique.»

Il convient donc, sans nier dans le théâtre la présence d'un texte, d'adjoindre à tous les autres modes d'étude ceux plus spécifiques de l'art de la scène : étude de l'organisation de l'espace et du temps ; étude du travail du comédien, de son statut face à celui du personnage qu'il représente et contribue à construire, du rapport du geste, du corps, de la voix avec l'énonciation et le discours, et des relations du texte dit avec les objets manipulés sur scène, la présence ou l'absence, les mouvements des acteurs et personnages ; étude du rôle du metteur en scène moderne ou du directeur de troupe, voire de l'auteur dans son rapport avec les acteurs et le texte ; étude de la fonction et de la place du spectateur.

Les autres analyses, plus classiques et mieux connues, des textes dramatiques, restent certes valables ; elles ne doivent pas être oubliées mais ne peuvent plus être utilisées isolément comme si le texte existait seul, hors de toute pratique théâtrale.

Les textes argumentatifs

Le texte argumentatif demande d'abord à être reconnu et défini. Comme le fait remarquer Alain Boissinot dans son ouvrage *Les Textes argumentatifs,* il n'existe pas, pour ce type de textes, de modèle théorique aussi clairement établi que la morphologie des récits, ou la fonction poétique du langage. D'autre part le texte argumentatif est, plus que tout autre, hétérogène : tout texte, qu'il soit narration ou description, qu'il soit poétique ou dramatique, peut avoir une visée argumentative. Les petits récits à l'intérieur d'une fable de La Fontaine donnent un bon exemple d'une séquence narrative à l'intérieur d'une argumentation morale ou politique plus vaste.

Selon Alain Boissinot, l'argumentation se définit par des écarts et par des différences : **différences entre argumentation et démonstration, argumentation et persuasion**. La démonstration se caractérise par l'usage d'arguments purement rationnels, visant à la seule vérité, là où la persuasion, depuis l'analyse de Pascal, se définit comme art de la suggestion, voire de la manipulation. L'argumentation use, comme la démonstration, d'arguments rationnels, mais sans en craindre l'ambiguïté et la pluralité, sans se borner à l'unicité d'une preuve. Elle tend moins à atteindre la vérité qu'à convaincre. Dans l'argumentation, les raisonnements ne sont pas impersonnels ; ils dépendent de l'émetteur mais ne se réduisent pas, comme dans la persuasion, à l'exercice de son autorité. L'argumentation prétend, comme la démonstration, atteindre un auditoire universel mais en s'adressant d'abord à un auditoire particulier, et non un auditoire réduit et ciblé comme celui de la persuasion. Ainsi Alfred de Vigny s'adresse-t-il, dans *Dernière nuit de travail,* à l'ensemble des hommes et de la Nation, pour protéger le poète ; mais le texte qui sert de préface à *Chatterton* se destine d'abord au cercle plus restreint des spectateurs et des lecteurs.

La structure du texte argumentatif est véritablement **dialogique** : il s'organise autour de deux pôles, ceux des thèses qui s'affrontent, thèse proposée, thèse refusée. Il s'agit pour le texte argumentatif de faire passer son auditoire, comme un jury dans un procès, d'une thèse à l'autre ; ou plus simplement, de faire s'affronter deux pôles d'énonciation, les tenants de la thèse proposée, les tenants de la thèse refusée. Ainsi dans *Dernière nuit de travail,* les voix qui prennent la défense du poète, ou la voix du poète lui-même, dialoguent sans cesse avec la voix des marchands, la voix d'un public indifférent ou hostile, la voix de la multitude qui ignore ou méprise le travail du poète.

Comme le texte narratif conduit d'un état de déséquilibre à un état d'équilibre au moyen d'une série de transformations, le texte argumentatif conduit d'un stade qui correspond à la thèse refusée à un stade qui correspond à la thèse proposée par un processus d'argumentation.

À partir de cette dynamique argumentative essentielle, les textes peuvent se caractériser selon des **stratégies** diverses que l'on peut tenter de classer et de repérer par l'analyse textuelle : se distinguent ainsi trois types de texte, le texte à « tendance démonstrative », le texte à « tendance expositive », le texte à tendance « dialogique ».

Après avoir distingué ces mouvements d'ensemble, l'explication de texte peut s'attacher à l'étude d'éléments plus précis, propres à mieux cerner le cheminement de l'argumentation dans le texte. Elle s'attachera ainsi aux « indices d'énonciation », aux « indices d'organisation », « aux indices lexicaux ». Les **indices d'énonciation** permettent de bien dégager l'implication de l'argumentateur dans le raisonnement, ainsi les déictiques, pronoms personnels et marques de la temporalité ; les modalisateurs, qui marquent les divers degrés d'adhésion — comme les adverbes, les adjectifs, les périphrases —, et, quelle que soit la catégorie grammaticale, les diverses notations de la subjectivité.

Un bref extrait de la conférence de Bernanos « La France devant le monde de demain », prononcée dans les années 1946-1947, insérée ultérieurement dans l'ouvrage *La Liberté pour quoi faire ?*, présente un bon modèle de l'usage de ces divers indices :

> « Je ne saurais naturellement exiger d'être cru de vous sur parole, je ne peux vous prouver ce que j'avance. Mais vous comprenez bien que je ne suis pas un de ces guignols de politique ou d'Académie, je ne suis pas un marchand de phrases. J'ai habité huit ans l'Amérique du Sud, où — soit dit en passant — je suis allé de mon plein gré au début de 1938, et c'est aussi de leur plein gré qu'après la déroute et l'armistice, mes jeunes fils en sont partis pour servir. Je peux vous parler de peuples que je connais bien. Ce que je sais d'eux je ne l'ai pas appris dans les salons littéraires et les palaces. »

L'argumentation repose ici tout entière sur l'autorité de la personne qui parle, donc du sujet de l'énonciation. Les pronoms personnels situent clairement ce sujet, face à son auditoire, à la deuxième personne, et face à une troisième personne désignant les adversaires et très fortement marquée d'indices d'évaluation, ici tous négatifs, « guignols », « marchands de phrases », « salons littéraires et palaces ». Les indications temporelles, par la distinction présent-passé composé, diversifient et approfondissent la situation du sujet de l'énonciation dont l'autorité se trouve ainsi renforcée.

Il est bien connu que, dans nombre de cas, l'argumentateur donne la parole à l'adversaire, à celui qui soutient la thèse opposée, tantôt sous la forme explicite du discours direct ou rapporté, tantôt sous des formes plus complexes comme le discours indirect élargi, ou divers récits de paroles. Ainsi Bernanos, dans la même conférence, fait-il subtilement entendre la voix des partisans de Pétain face à l'ultime parole d'un de ces hommes des peuples d'Amérique du Sud, admirateur de la France :

> « J'ai connu un vieux pharmacien qui, au mois d'août 1940, déjà plongé dans le coma diabétique, entouré des siens récitant le chapelet, a rouvert les yeux pour dire encore une fois : "Mon Dieu, mon Dieu ! la France", avec un grand soupir qui semblait vraiment venir d'un autre monde... C'est une petite histoire qu'il m'est arrivé de raconter très souvent à des amis, mais je n'ai pas osé encore la raconter publiquement. J'avais trop peur qu'il y eût dans l'auditoire un certain nombre de ces trente-huit millions de Français qui, au moment même sans doute où mourait ce brave homme, acclamaient le général Pétain en se félicitant les uns les autres de s'en être tout de même tirés au meilleur compte, d'avoir été, pour une fois, plus roublards que les Anglais, puis s'attendrissaient sur eux-mêmes, comme il était alors à la mode. »

Les éléments du lexique, mais aussi les **figures** et aussi bien les tropes et les comparaisons que les figures de pensée, servent l'argumentation.

Ainsi Michelet, pour faire concevoir la solitude de la sorcière et la cruauté de l'Église, compose-t-il à partir du paysage hivernal la métaphore filée de la «cristallisation» :

> « Toute la terre encore semble vêtue d'un blanc linceul, captive d'une glace pesante, d'impitoyables cristaux, uniformes, aigus, cruels. Surtout depuis 1200, le monde a été fermé comme un sépulcre transparent où l'on voit avec effroi toute chose immobile et durcie. »

«Le pouvoir de densité» de la métaphore filée, selon l'expression de Catherine Fromilhague, permet de rendre sensible la notion que les historiens nomment «la longue durée». Une figure fait ici l'originalité de l'argumentation et de l'écriture historique.

2.2 Rhétorique et figures de style

Le repérage dans un texte des figures aide à sa compréhension mais, on le voit plus encore, à sa description, donc au travail de l'explication. Il ne convient pas de remplacer un discours composé par une accumulation de termes techniques et une récitation du nom des figures ; une fois le mécanisme reconnu et analysé, le lecteur possède alors un outil précis pour caractériser un genre, définir une pratique d'écriture, tenter de saisir le style propre d'une page ou d'un écrivain. On le sait, Proust tenait la métaphore pour l'essence même de la littérature. Nous venons de voir que la même figure supporte chez Michelet la pratique de l'écriture historique. La prétérition soutient pour une grande part l'argumentation de Jean-Jacques Rousseau dans le *Discours sur l'origine de l'inégalité parmi les hommes*. À la clôture de la *Vie de Henri Brulard*, cette même figure exprime plutôt l'émotion du cœur et participe à la retenue du style stendhalien : «On gâte des sentiments si tendres à les raconter en détail.»

Les figures s'organisent donc en figures de diction, par un marquage du signifiant comme matériel sonore ou graphique ; en figures de constructions, par le marquage des éléments morphosyntaxiques de l'énoncé ; en figures de sens ou tropes par passage d'un signifié à l'autre ; enfin en figures de pensée par un travail sur les relations logiques et les valeurs de vérité.

Il faut ajouter une restriction à ce plan et considérer qu'il existe une interpénétration des domaines et du travail des figures, un *continuum* qui permet de penser leurs mécanismes et leurs effets de façon moins tranchée ; ainsi la métaphore qui, dans *La Sorcière,* fait du monde un univers de cristaux, attente à la pensée même d'un temps événementiel et fonde la notion de durée des phénomènes. Ce serait un contresens sur l'ensemble de l'énoncé que de n'y voir qu'un glissement de sens du propre au figuré — dureté du cristal, dureté de l'église — et une fonction ornementale réduite à la création d'un «beau langage» historique.

2.3 Étude stylistique et grammaticale

Si nous avons réservé jusque-là cette forme d'analyse, c'est que, loin de se borner à une étude de forme au sens le plus réduit du terme, elle rassemble pratiquement toutes les méthodes et tous les moyens. L'exercice même de l'explication de texte mérite d'être appelé, et l'a d'ailleurs été, étude stylistique. La très grande ampleur que Barthes a donnée à l'acception du terme style, compris comme le style d'un écrivain, par différence avec la langue et l'écriture, est révélatrice de la multiplicité des domaines de l'écrit, et particulièrement de l'écrit littéraire, où se révèle le style.

L'analyse stylistique reprend donc les divers éléments de l'écriture littéraire, considérés comme des moyens pour produire un sens. Une telle perspective interdit toute appréhension simplement intuitive du texte et donne ainsi une base très solide à l'exercice de l'explication.

Dans *Les Misérables,* Victor Hugo donne à ses lecteurs une véritable leçon de stylistique. La seconde partie, *Cosette,* s'ouvre sur le livre *Waterloo.* «L'action racontée dans… ce livre» est brusquement interrompue, et pour dix-neuf chapitres. La place laissée libre par la fiction est comblée par des variations stylistiques du récit de la bataille de 1815. La première version est la relation de la visite que l'auteur lui-même fit au champ de bataille en mai 1861, mais transcrite à la troisième personne et fixant, au fur et à mesure de la marche du «passant», toutes les traces mélancoliques et superbes du déroulement du combat. La seconde version, bien plus ample, est le récit épique des différentes phases de la bataille et de «son instant le plus épouvantable», «le chemin creux d'Ohain». Succède donc, à l'intérieur du roman, une épopée en prose à ce qu'il faut appeler l'écriture d'un «lieu de mémoire» où le travail de commémoration, populaire et spontanée, est relevé à côté de la commémoration officielle, dans la perspective d'un renouvellement de l'histoire et de la constitution d'un patrimoine. Conscient de l'importance de telles créations stylistiques, Victor Hugo nomme et date explicitement le passage d'un mode à l'autre ; ainsi est défini le mode ancien :

> «Ces récits semblent d'un autre âge. Quelque chose de pareil à cette vision apparaissait sans doute dans les vieilles épopées antiques racontant les hommes chevaux, les antiques hippocampes…»

Mais pour définir la modernité de l'écriture d'un lieu de mémoire, certes déjà pratiquée par Chateaubriand, Victor Hugo donne la parole au discours direct, à celui qui sert de guide au passant :

> «Et tout cela pour qu'aujourd'hui un paysan dise à un voyageur : *Monsieur, donnez-moi trois francs ; si vous aimez je vous expliquerai la chose de Waterloo !*»

L'étude purement grammaticale d'un énoncé nous paraît d'un grand apport pour l'explication de texte ; nous nous sommes particulièrement attaché, à titre d'exemple, à la forme grammaticale d'un poème de Verlaine extrait des *Romances sans paroles* : c'est là que la poésie use d'une autre parole et que sa grammaire s'en trouve profondément transformée.

LA TECHNIQUE DE L'EXPLICATION DE TEXTE À L'ORAL

1. Déroulement de l'exercice oral

Les explications proposées à l'oral du Deug sont sur programme. Le premier travail du candidat est donc de **situer le texte** dans l'ensemble de l'œuvre. Vient ensuite la **lecture** afin que l'auditeur puisse à nouveau prendre connaissance du texte et le lecteur y faire référence sans avoir à le répéter constamment dans son discours. Peuvent alors intervenir, et alors seulement, l'**indication d'un projet de lecture** et l'**annonce du plan** du texte ou de ses mouvements. Reste alors l'exercice de l'**explication du texte**, sur le mode linéaire et qui doit aboutir à une **conclusion**.

2. Pratique de l'exercice oral

2.1 Situation du texte

Nous évoquons ici la situation au sens strict et étroit, soit la place d'un passage dans l'œuvre. Qu'est-ce donc que situer un texte, et, en particulier, situer un passage précis dans un ensemble plus large ?

• C'est d'abord une recherche d'informations, et si cette recherche est bien menée, c'est **acquérir un guide, un mot de passe pour aborder le texte**. Bien souvent le paragraphe précédant immédiatement le texte définit son ton, indique sa composition, ou précise son but.

Lorsque le narrateur de *La Chartreuse de Parme,* présentant le discours de Fabrice à sa tante avant son départ pour Waterloo, croit bon d'ajouter : «Il expliquait avec effusion à cette amie si chère toutes les raisons qui le déterminaient, et que nous prenons la liberté de trouver bien plaisantes», il ne fait rien d'autre que définir l'ambiguïté du ton, l'émotion et la logique de la passion gouvernant ensemble les paroles de son personnage et les rendant si convaincantes.

Il y a moins un mystère, un sens caché dans le texte, qu'un trajet à parcourir, une dynamique, un élan à suivre. Il faut être persuadé que l'écrivain donne des marques pour bien orienter le lecteur, même si parfois il ne les donne pas sans malice : ainsi, que dire de l'épithète «insignifiant» choisie par Flaubert pour caractériser «l'aspect des voyageurs» du bateau emprunté par Frédéric Moreau pour rejoindre sa province ? Elle ne vaut que pour le regard du personnage. Le lecteur doit entendre le terme contraire, signifiant et même très signifiant, pour bien saisir le projet du texte et du roman, un roman qui a déjà une portée sociologique.

• La seconde fonction de la situation est de **se replacer dans le mouvement du texte**, et de s'y replacer avec justesse.

Le texte de théâtre est le plus apte à nous donner une bonne méthode car, même si nous ne devons expliquer que le texte, et non le texte et sa représentation, le statut du théâtre suppose des éléments concrets qui permettent de saisir plus facilement la notion de mouvement. Au théâtre, une scène, un échange de réplique, un acte, une «tirade» sont toujours à replacer dans le passage d'une absence à une présence sur la scène, d'un silence à une prise de parole, de la continuité à la transformation d'un décor. Le nombre des scènes se compte facilement en relation avec l'apparition de tel ou tel personnage. L'alternance des figures féminines ou masculines, des personnages principaux ou secondaires, maîtres et valets par exemple, du texte énoncé oralement et de celui des didascalies (indications scéniques), qui demeure silencieux, sont autant d'éléments sensibles qui permettent de définir un véritable rythme et d'y situer aisément un passage.

Hors le domaine de la scène, la richesse des apports de la critique aide au juste placement d'un passage.

Ainsi, l'**analyse des fonctions** permet la définition de places essentielles : une première page de roman, un incipit, une dernière page sont à la fois une situation et déjà une indication de lecture. De même les exordes et les péroraisons d'un discours, les poèmes en tête ou en fin de recueils fondent une partie de leur sens avec leur place. Les préfaces, les postfaces, les avis au lecteur et autre «avant dire» ont donné lieu à des types d'analyses particuliers aujourd'hui bien codifiés comme des textes appartenant à l'ordre du «seuil» d'après l'ouvrage du même nom de Gérard Genette.

Les **études de narratologie** permettent de situer un texte à un moment de rupture ou d'équilibre d'un récit, dans la succession des séquences d'un jeu actantiel ; et ces distinctions n'importent pas seulement aux textes narratifs mais aussi bien à la poésie épique, à la fable, aux textes dramatiques classiques.

La **composition de l'œuvre**, qui est censée connue, oblige à une situation précise dans le système qui gouverne l'ensemble : ainsi un sonnet des *Regrets* de Du Bellay devra, avant toute explication, voir sa place définie, soit dans l'ouverture du recueil où le poète définit son registre, soit dans la succession des mouvements satiriques, soit enfin dans la clôture consacrée à la gloire des grands du royaume.

Il n'y a pas de hasard dans la composition de l'œuvre ; même les partisans de la plus grande liberté et spontanéité de l'écriture, comme André Breton par exemple, reconnaissent à leur texte une logique particulière. Seul un recueil, comme *Les Illuminations* de Rimbaud, dont l'auteur n'a pas gouverné l'ordre, ou *Les Pensées* de Pascal, interdisent une situation précise. Encore qu'aujourd'hui la critique génétique permette, avec l'étude des brouillons, des carnets, des manuscrits, de penser au moins un projet, une intention de situation.

Il ne faut donc négliger aucune des indications matérielles que l'écrivain a pu donner : titre, sous-titre, numérotation et marque des mouvement et des parties du texte, citations mises en exergue, dédicace, «retombée de millésimes sur la table des matières», qui compense la disparition de l'ordre chronologique, comme l'écrit Francis Ponge à l'ouverture du *Grand Recueil*.

2.2 Lecture orale

La lecture orale peut intervenir puisque la situation a rétabli une continuité que l'extrait choisi avait en partie détruite. La lecture doit révéler la compréhension du texte ; elle vient après un temps de préparation, donc une explication qui n'a pas encore été actualisée pour l'auditeur mais qui est censée être maîtrisée par le lecteur. La lecture est comme un premier « aspect » de l'explication de texte.

L'**élocution**, comprise au sens de diction, doit être claire et la rapidité du débit très mesurée, en fonction du rythme propre du texte. Les mouvements du passage, qui ne seront explicités qu'au cours de l'explication à venir, peuvent déjà être naturellement indiqués par la voix.

Quelques cas particuliers se présentent. Ainsi le texte de théâtre ne peut ni ne doit être joué ; il doit être simplement mais très précisément lu. S'il s'agit d'un échange de répliques, la voix du récitant peut, par l'intonation, favoriser la distinction des personnages. La question du bien-fondé de la lecture des indications scéniques reste ouverte ; personnellement nous optons pour la lecture des didascalies puisqu'elles doivent être prises en compte par l'explication et que ce type de lecture ne vise à aucune mimésis, contrairement à la représentation. Il va de soi que, lorsque les didascalies tiennent une très grande place, comme dans la scène de *Chatterton* de Vigny que nous avons choisie, elles ne peuvent être passées sous silence.

La lecture du texte poétique se doit de respecter le rythme du vers, donc de marquer les pauses et les différents accents. Si, dans les structures de la strophe, il y a des effets remarquables de retour et de refrain, ils doivent être rendus sensibles. Certaines rimes, dans lesquelles aujourd'hui l'homophonie n'existe plus parfaitement, sont à restituer oralement dans leur état classique.

Les textes de prose ont aussi leur rythme ; les diverses cadences de la phrase sont plus sensiblement mises en évidence par la diction que par l'analyse, et souvent l'intonation seule décide de la fonction. Dans le *Précis de grammaire fonctionnelle du français,* Jacques Popin définit ainsi la phrase :

> « La phrase est une unité du discours qui ne peut être définie que par son intonation : c'est elle qui, à l'oral, nous signale que la phrase est achevée ; la ponctuation du texte écrit ne fait que tenter de retranscrire, vaille que vaille, cette réalité avant tout mélodique. »

Quels que soient le genre et le mode d'écriture du texte, la **diction** est particulièrement apte à rendre le « ton » d'un passage et ses variations.

Nous retrouvons, à l'oral, la valeur première et musicale du terme, même si nous comprenons «ton» au sens classique, c'est-à-dire la manière et le style de l'expression écrite. La diction fait ainsi l'économie d'une stylistique des genres : on ne lit pas une tragédie comme une comédie et, à l'intérieur de la comédie par exemple, la «partie» de Dorine comme celle de Tartuffe. Il est des textes qui demandent la création d'une diction particulière pour leur élocution : comment lire en effet les stances finales d'Amarante qui, dans *La Suivante* de Corneille, s'exprime déjà avec le vocabulaire de Camille et les tournures de la tragédie ?

> «Puisse le noir chagrin de ton humeur jalouse
> Me contraindre moi-même à déplorer ton sort,
> Te faire un long trépas, et cette jeune épouse
> User toute sa vie à souhaiter ta mort.»

Dans le cas du texte ironique, le rôle de la diction devient essentiel ; l'ironie, définie comme une figure de pensée, procède par « l'inversion de la valeur de vérité... Pour être comprise, l'ironie a parfois besoin d'indices : une certaine manière de prononcer pour marquer la distance[2]». Plus particulièrement encore «l'ironie citationnelle» a besoin du support d'une lecture éclairée et qui éclaire l'auditeur : elle consiste en effet à prêter à un énonciateur des propos que l'instance qui prend en charge le discours désavoue : ainsi dans *L'Ingénu,* Voltaire accorde au père Tout-à-Tous, jésuite qui conseille Melle de Saint-Yves, des propos d'une indulgence extrême qu'il ne marque d'aucun signe sensible de désapprobation : «Troisièmement, les actions ne sont pas d'une malice de coulpe quand l'intention est pure, et rien n'est plus pur que de délivrer son mari.» L'on reconnaît la tradition ironique des *Provinciales* de Pascal, des *Lettres persanes* de Montesquieu : c'est à la diction de faire entendre le texte comme une citation accentuée et par là désavouée.

Toute citation, avec ou sans guillemets, toute écriture en italique, fréquente chez Stendhal comme chez Flaubert, tout discours indirect

2. Catherine Fromilhague, *Les Figures de style*, Nathan, coll. 128, 1995.

élargi, doit s'accompagner d'une marque dans la lecture. L'intonation traduit la présence écrite de la citation et déjà dispose l'auditeur à en rechercher le sens.

2.3 Projet de lecture et plan

Le projet de lecture consiste en l'**annonce des lignes directrices** qui vont gouverner l'explication. Il est possible d'en compter plus d'une mais leur nombre doit être borné à deux ou trois, pour éviter un émiettement du discours de l'explication et la perte de l'unité du texte.

C'est en partie aux méthodes littéraires, que nous avons étudiées sous le nom d'**outils méthodologiques**, que les directions de lecture peuvent être demandées. Ainsi, la fonction de clôture, prise aux études narratologiques, est un des axes de l'explication de la scène finale de *Chatterton* que nous avons choisie. Mais tous les textes ne se prêtent pas aussi clairement à un déchiffrement critique. Certains le défient, d'autres le contournent et s'en jouent, d'autres enfin l'ignorent. Nous montrerons comment Molière use du vieux moule de la farce pour défier à la fois le pouvoir qui gouverne les spectacles et celui qui ordonne les genres.

C'est alors à **la culture** et à **l'imagination** qu'il faut avoir recours pour lire le texte et le décrire selon un discours organisé. La vertu essentielle qui doit régler culture et imagination a été nommée par Barthes, dans son célèbre texte manifeste *Critique et vérité,* la «justesse». Elle permet, dans la culture, d'élire le domaine où le discours du texte et celui de son explication se rencontreront sans contresens. Nous entendons «culture» au sens le plus général, culture littéraire d'abord, qui permet de penser le dialogue des textes entre eux, d'actualiser la notion de création, et de fonder une véritable histoire des textes, histoire au sens où Kundera l'entend dans l'expression «histoire du roman». À ce domaine spécifique s'ajoute la connaissance des sciences humaines dont aucune explication littéraire ne peut faire l'économie aujourd'hui. Plus générale encore, la culture artistique aide à concevoir la littérature comme un aspect de l'art et à mieux dégager ses formes puisque l'écrit ne dialogue pas qu'avec lui-même mais avec la peinture, la musique, le cinéma. L'extrait de *Lol V. Stein* que nous avons choisi se modèle selon la dynamique de l'apparition des images sur un écran et le poème de Verlaine selon le rythme en contrepoint de deux chansons de voyage.

Le **plan du texte** peut alors être donné, non plus comme une succession de paragraphe qu'il n'est pas besoin d'annoncer puisqu'elle est visible, mais comme un ordre déjà composé en fonction du projet de lecture. Il convient de rechercher dans l'extrait — et nous nous sommes efforcé de le faire pour les six textes — des marques sensibles de cet ordre ; elles peuvent être de nature phonique (comme des rimes), sémantique, rhétorique, grammaticale ; mais le texte indique toujours, plus ou moins fortement, son ordre, sa prosodie pourrait-on dire.

2.4 Étude linéaire

Le nom même indique que l'explication suit l'ordre du texte sans qu'aucune composition se surimpose à son déroulement. Cependant le projet de lecture a donné la possibilité de regrouper les éléments de l'analyse, à la fois pour éviter l'éparpillement et pour parvenir au dégagement d'un sens. Ce regroupement doit avoir des bornes strictes, par exemple l'ordre du plan peut lui donner des limites naturelles. La strophe d'un poème est le lieu où peuvent se composer ces ensembles. Dans un poème en prose, le lecteur doit lui-même définir les limites qu'il se propose de donner à ces ensembles.

Ces ensembles doivent permettre soit de tout expliquer, à la manière de Barthes pour *Sarrazine* de Balzac, soit au contraire, si tous les termes ne peuvent recevoir un sort, de les comprendre, comme une valeur, par leur appartenance à un groupe. Ainsi dans l'extrait des *Fourberies de Scapin,* la désignation de l'appartenance d'un terme à une série, celle des chiffres, ou celle de l'équipement militaire, évite la répétition du commentaire.

Comme pour la lecture, il est quelques obligations propres à la diction : l'explication ne doit pas reprendre sans cesse le texte qui a déjà été lu dans sa totalité et de façon continue. Seuls les termes ou expressions essentiels peuvent être à nouveau cités, en vue d'une définition par exemple ou parce qu'ils supportent un tournant de l'argumentation ou parce qu'ils donnent le ton de l'ensemble du passage. Il convient donc, dans le temps de préparation, de prévoir le relief que l'on donnera oralement à son discours par ces citations et comment ensuite rétablir la continuité de sa parole.

2.5 Conclusion

La conclusion est le lieu propre où ressaisir l'unité de l'analyse et celle du texte. Dans cette perspective, elle remplit deux fonctions : premièrement, elle se constitue comme un résumé, ordonné et bien accentué, des résultats de l'explication de texte ; secondement, elle apporte un élargissement à ces résultats. On le verra dans la seconde partie de cet ouvrage, c'est dans la conclusion, plutôt que dans l'introduction, que nous avons choisi de penser à nouveau la place de telle ou telle page dans l'histoire, histoire de la littérature, histoire des idées, histoire des formes. Il nous semble que cette réflexion, qui fait dialoguer un texte et un écrivain avec son temps ou avec le passé, est d'autant plus convaincante qu'elle vient après une démonstration et que des éléments concrets sont là pour l'étayer. C'est ainsi que nous avons conçu nos diverses conclusions comme un dialogue avec l'esprit des Lumières, avec les sciences humaines contemporaines, avec l'esprit retrouvé des anciennes pensées, avec des formes rares et ténues de la parole, avec les pouvoirs et les idéologies et aussi les faits de civilisation.

La conclusion ne signifie pas nécessairement clôture et résolution de la pensée. Ainsi, il ne nous a pas été possible d'arrêter le sens de la scène que compose le personnage de Marguerite Duras, et l'écrivain lui-même ne l'a pas souhaité.

La conclusion est aussi achèvement du discours oral, donc de la pratique de communication qu'est l'exercice de l'explication de texte. C'est donc à l'auditeur qu'il faut à cet instant particulièrement s'adresser : il faut combler son besoin d'ordre et de clarté, lui donner des certitudes convaincantes, et en même temps lui ménager une possibilité de reprise de sa propre parole, une ouverture pour que reprenne la communication.

EXPLICATION 1

Gustave Flaubert
Madame Bovary, II, 10

[Emma, épouse de l'officier de santé, Charles Bovary, et maîtresse de Rodolphe Boulanger, reçoit une lettre de son père, le père Rouault, lettre qui accompagne l'envoi annuel de « son dinde » : « Emma coupa la corde qui la retenait au panier, et lut les lignes suivantes : »]

« Mes chers enfants,

J'espère que la présente vous trouvera en bonne santé et que celui-là vaudra bien les autres ; car il me semble un peu plus mollet, si j'ose dire, et plus massif. Mais, la prochaine fois, par changement, je vous donnerai un coq, à moins que vous ne teniez de préférence aux *picots*, et renvoyez-moi la bourriche, s'il vous plaît, avec les deux anciennes. J'ai eu un malheur à ma charretterie, dont la couverture, une nuit qu'il ventait fort, s'est envolée dans les arbres. La récolte non plus n'a pas été trop fameuse. Enfin, je ne sais pas quand j'irai vous voir. Ça m'est tellement difficile de quitter maintenant la maison, depuis que je suis seul, ma pauvre Emma ! »

Et il y avait ici un intervalle entre les lignes, comme si le bonhomme eût laissé tomber sa plume pour rêver quelque temps.

« Quant à moi, je vais bien, sauf un rhume que j'ai attrapé l'autre jour à la foire d'Yvetot, où j'étais parti pour retenir un berger, ayant mis le mien dehors, par suite de sa trop grande délicatesse de bouche. Comme on est à plaindre avec tous ces brigands-là ! Du reste, c'était aussi un malhonnête.

J'ai appris d'un colporteur qui, en voyageant cet hiver par votre pays, s'est fait arracher une dent, que Bovary travaillait toujours dur. Ça ne m'étonne pas, et il m'a montré sa dent ; nous avons pris un café ensemble. Je lui ai demandé s'il t'avait vue, il m'a dit que non, mais qu'il avait vu dans l'écurie deux animaux, d'où je conclus que le métier roule. Tant mieux, mes chers enfants, et que le bon Dieu vous envoie tout le bonheur imaginable.

Il me fait deuil de ne pas connaître encore ma bien-aimée petite-fille Berthe Bovary. J'ai planté pour elle, dans le jardin, sous ta chambre, un prunier de prunes d'avoine, et je ne veux pas qu'on y touche, si ce n'est pour lui faire plus tard des compotes, que je garderai dans l'armoire, à son intention, quand elle viendra.

« Adieu mes chers enfants. Je t'embrasse, ma fille ; vous aussi mon gendre, et la petite, sur les deux joues.

« Je suis, avec bien des compliments,
« Votre tendre père,

« Théodore Rouault. »

Gustave Flaubert, *Madame Bovary*, seconde partie, chapitre x,
Classiques Garnier, pp. 175-176.

1. Situation

En 1851, après l'abandon de *La Tentation de saint Antoine*, et un séjour de deux ans en Orient, Flaubert revient à un sujet moderne, provincial et bourgeois. Jusqu'à la publication en 1856, il travailla cinq ans à ce roman qui lui donnait un véritable « dégoût ». La lettre du père d'Emma nous permet d'apprécier le traitement d'un tel sujet.

Dans la fiction, Emma se trouve dans un état d'atonie sentimentale ; le paragraphe précédent indique qu'elle entretenait avec Rodolphe « une flamme domestique » et que les deux amants se trouvaient comme « deux mariés ». Elle est donc prête à recevoir une lettre familiale, prête à entendre la parole de l'amour paternel : il y a une **vraisemblance de situation** dans le roman.

La narration présente un écart plus marqué : le statut de la lettre dans le roman recouvre divers aspects, celui de la lettre du père Rouault est le plus caractéristique. Les lettres de Rodolphe et Emma sont simplement mentionnées sans être ni citées ni représentées ; celles d'Emma, avant sa mort, et celle de Charles, avant les funérailles, font l'objet de citations, mais fragmentaires et très réduites. La lettre de rupture de Rodolphe est citée et, par un jeu d'effet de réel, le lecteur la découvre au fur et à mesure que le personnage l'écrit. Mais la lettre du père Rouault est la seule à être citée dans son intégralité et, de plus, à être représentée matériellement, avec l'en-tête, les guillemets, la disposition dans la page, la signature. La **mimésis de la lettre** se fait cette fois selon le procès de la lecture et non celui de l'écriture ; la brève intervention du narrateur qui vient interrompre le cours de la reproduction précise un détail matériel et fait se recouvrir exactement, par un effet de trompe-l'œil, la lecture d'Emma et celle du lecteur virtuel.

2. Projet de lecture

Cette double situation crée dans le texte une **tension** qui gouverne notre lecture : d'une part en effet, par la situation narrative, la lettre apparaît comme un véritable **objet étranger** : l'autre, dans son langage, son discours et ses modes de pensée, un des aspects de la province saisie au cœur du roman du XIXe siècle comme le véritable exotisme ; de l'autre, par la situation dans la fiction, la lettre poursuit l'analyse du personnage d'Emma. La narration elle-même est moins interrompue qu'il n'y paraît et le devenir des personnages s'y inscrit : nous avons donc là une remarquable **variation sur le proche et le lointain**.

Enfin, l'apport d'un savoir extérieur au texte, appartenant à ses marges — la correspondance de Flaubert — nous permet de lire ici une **réécriture de la lettre de Virginie à Paul** dans le roman de Bernardin de Saint-Pierre, *Paul et Virginie*, où dialoguent explicitement l'exotisme de l'île Maurice et la proximité de la Normandie.

3. Mouvement

Proximité et éloignement s'écrivent et se lisent d'un mouvement continu et uni tout au long de la lettre que rien ne vient interrompre, pas même la brève intervention du narrateur qui ne fait qu'accentuer l'illusion de la lecture. La division en paragraphes correspond au rythme de l'écriture et n'interrompt en rien la continuité de la lettre : ce ne sont que pauses de rêverie et non division de la pensée.

Le nombre de paragraphes compose, lui, une organisation rhétorique de surface et suppose, de la part de l'auteur de la lettre, le père Rouault, un art simple mais bien maîtrisé, les deux premiers paragraphes se consacrant aux nouvelles que le père Rouault donne de lui-même et les deux suivants à celles d'Emma et de sa famille.

4. Voix

La lettre inaugure une voix narrative autre, étrangère à la première, la voix du narrateur omniscient qui avait jusqu'alors en charge le récit. Cette nouvelle voix se nomme par la signature qui apparaît au bas de la lettre, « Théodore Rouault ».

Le discours direct, la première personne et les temps du présent, à quelques variations près que nous expliquerons, donnent à cette voix une forte autonomie, unique dans le roman. Cette autonomie est renforcée par le registre du vocabulaire, l'état de la langue et les formes du discours qui se manifestent clairement dès le premier paragraphe.

Mais cette voix, comme étrangère, est, dans la fiction, la voix du père d'Emma, la voix qui s'annonce dans son intimité, « Mes chers enfants », la voix de toute la plus proche, la voix tendre, qui déploie un discours fait pour, de loin, toucher Emma.

5. Analyse linéaire

Mouvement 1

La première phrase manifeste l'**étrangeté dans la langue** : le démonstratif « celui-là » désigne la dinde que le père Rouault envoie avec sa lettre ; le masculin constitue un normandisme, que Flaubert accentue volontairement dans son texte et que le copiste du manuscrit autographe a pris pour une erreur et corrigé : « C'était l'époque où le père Rouault envoyait son dinde... » Ainsi est donné, presque musicalement, le ton du texte, ton provincial et normand, qui fait de la lettre un véritable document ethnographique sur la province française, son parler, ses formes de pensée, son discours.

Nous ne pouvons que renvoyer aux pages de Barthes, déjà citées dans la partie méthodologique, extraites de « La division des langages » : « le roman dès lors qu'il est devenu réaliste a fatalement rencontré la copie des langages collectifs». Barthes reconnaît un mérite supplémentaire à Flaubert :

> «Celui-là ne se laisse pas aller à reproduire de simples tics (phonétiques, lexicaux, syntaxiques) ; il essaie de prendre dans l'imitation des valeurs de langages plus subtiles et plus diffuses et de saisir ce que l'on pourrait appeler des figures de discours.»

Ici à côté des «tics lexicaux» tels «picots», «mollets», «dinde», nous rencontrons les clichés bien connus du discours paysan, plaintes diverses sur le travail et le temps : « J'ai eu un malheur à ma charretterie », « La récolte non plus n'a pas été trop fameuse», «Ça m'est tellement difficile de quitter maintenant la maison».

Le **premier paragraphe** remplit donc pleinement sa **fonction d'ouverture** en rassemblant ces traits d'un discours autre que le découpage et la forme de la lettre accentuent fortement. Emma lit la lettre de son père comme la relation d'un voyage dans une contrée, la province normande, dont Flaubert s'est fait l'ethnologue.

Mais Emma lit la même lettre comme le récit de son histoire, et de son histoire la plus personnelle. La lettre rappelle cette histoire dont l'envoi de la dinde commémore la date essentielle, le moment originel : c'est en reconnaissance des soins de son médecin, Charles Bovary, que le père Rouault envoie chaque année «un» dinde, célébrant ainsi l'anniversaire de la rencontre des époux. Plusieurs termes indiquent un possible rappel du passé : «les autres», «un peu plus mollet», «la prochaine fois», «les deux anciennes», permettant à Emma le retour du souvenir, et au lecteur la possibilité d'établir la délicate chronologie du roman. La charretterie rappelle le repas de noces longuement décrit au chapitre IV de la seconde partie, et la plainte timide du père sur sa solitude, le départ d'Emma après ses noces.

L'intervention du narrateur qui vient interrompre la mimésis de la lettre fait intervenir une double figure : à la fois celle du scripteur, le père Rouault occupé à écrire, et celle du lecteur, figure elle-même double, soit Emma et le lecteur virtuel. «L'intervalle entre les lignes», s'il n'est pas imité matériellement, comme la disposition dans la page, l'est dans ses effets, une contagion de rêverie, due à la pause obligée, s'installe, et pour Emma et pour nous lecteur, comme elle a gagné le père Rouault. Cet effet de contagion est essentiel : il n'est pas uniquement le but d'une parfaite imitation de l'art d'écrire et de lire qui passe, on le sait, par de longs «intervalles» de rêverie ; il renvoie à ce jeu même du proche et du lointain qui nous retient dans cette lettre : cette imitation presque scientifique d'un parler et d'un mode de pensée paysans nous est, comme à Emma, à la fois proche et lointain ; il nous est contagieux, comme un ethnologue, un linguiste, un psychanalyste ne peuvent aujourd'hui se sentir complètement séparés de l'objet de leur étude.

Nous avons ici «un de ces mécanismes extrêmement subtils» étudiés par Roland Barthes dans l'article déjà cité, et par lequel :

> «L'auteur qui copie (contrairement à Balzac) reste en quelque sorte irrepérable, dans la mesure où Flaubert ne donne jamais à lire de façon certaine s'il se rend lui-même définitivement extérieur au discours qu'il "emprunte"... on ne sait jamais à partir de quel lieu cette énonciation s'opère : un lieu critique ? distant ? "empoissé" ? Ne sommes-nous pas en train d'apprendre (de la linguistique, de la psychanalyse), que le langage est un lieu sans extérieur ?»

Le **second paragraphe** n'a plus à accentuer le vocabulaire régional bien établi ; il se voue exclusivement au discours de ce gros paysan normand, «cultivateur des plus aisés», qui se définit ici dans son rapport avec ses ouvriers agricoles : «ces brigands-là», «un malhonnête», ces expressions constituent un vocabulaire de classe qui compose, au même titre que les normandismes, le portrait du père Rouault. Il est possible de penser que ce type de discours, si apparent dans cette lettre personnelle et intime, relève ici d'une **énonciation distanciée**, voire critique, comme le suggérait Barthes ; mais cette distance est aussitôt discutable si le point de vue choisi pour lire la lettre est celui de la lectrice Emma : comment ce discours ne lui paraîtrait-il pas proche ? Comment n'y reconnaîtrait-elle pas le sien, lorsqu'à Tostes, sa précédente résidence, elle s'emporta jusqu'à renvoyer, pour un retard dans le dîner, Nastasie, la première servante de Charles ? Proche ou lointain, personnel ou étranger, le même ou autre, le discours de la lettre change selon le foyer d'où il s'énonce, Flaubert, Rouault, Emma, le lecteur virtuel.

Mais la marque essentielle du paragraphe demeure le **nom propre** «Yvetot» : il est choisi par Flaubert pour désigner, exemplairement, le lieu proche et banal, quotidien, mais susceptible de rivaliser en art, et comme sujet, avec le lieu le plus éloigné et le plus exotique, Constantinople.

«Il n'y pas de beau sujet en art et Yvetot vaut Constantinople.»

La présence du nom géographique «Yvetot» renforce donc bien l'idée que, si la province normande est un lieu aussi exotique que Constantinople, la lettre de Théodore Rouault est un témoignage ethnologique sur cette contrée lointaine.

Mais ce nom propre n'est pas unique dans la lettre : chaque paragraphe est marqué d'un patronyme et d'un seul. Ils se font écho et résonnent ensemble comme des rimes. La lettre alors, déjà si bien composée, se lit comme un **poème en prose**, en quatre strophes et avec rappel sonore. Se réalise ainsi au cœur du roman réaliste le grand rêve de poésie de Gustave Flaubert.

Chaque rime, à l'exception du prénom «Emma», présente une consonance normande. On connaît le village de Ry où aurait eu lieu le fait divers qui aurait suggéré à Flaubert le sujet de son roman. Nous nous intéressons peu ici à l'imitation réaliste de l'événement ou à la représentation de Ry en Yonville. Seule la sonorité normande nous importe ; elle passe du souvenir de Ry, en Bovary, en Yvetot. La lettre ainsi colorée apparaît dans la page comme une carte géographique de la province, du «pays», comme l'écrit Théodore Rouault, et la disposition strophique du poème ne fait que renforcer encore cet effet visuel.

Mouvement 2

Ce second temps se caractérise, nous l'avons dit, par les **nouvelles** que le père Rouault peut avoir d'Emma et de sa famille. Aussi les deux paragraphes s'ouvrent-ils sur des verbes de connaissance : «J'ai appris», «Il me fait deuil de ne pas connaître» ; mais la liaison la plus profonde se fait par les marques de l'espace qui se suivent et délimitent l'image d'une région : «un colporteur» «voyageant cet hiver par votre pays». Ainsi situé, le portrait en «discours» du père Rouault se poursuit et se complète ici par l'attachement paysan au travail et au gain : travailler «toujours dur», les «deux animaux», «le métier roule», et même «tout le bonheur imaginable», autant d'expressions qui renvoient à cet aspect et constituent une mentalité. Emma cependant peut encore y lire son histoire sentimentale : l'arrachage de dent n'est pas sans rappeler la saignée opérée par Charles sur le charretier de Rodolphe Boulanger, qui allait devenir l'amant d'Emma ; les deux animaux sont moins pour elle un signe d'aisance que la marque de son adultère et le souvenir de ce que Flaubert nomme, dans sa correspondance, «la baisade». Et tout détail, comme la charretterie, dans le premier temps, est placé sous le signe du «dinde», c'est-à-dire celui d'un anniversaire, la commémoration d'un commencement, première rencontre, mariage, adultère.

Un autre aspect complémentaire se révèle dans ce mouvement, mais qui n'était pas encore apparu avec la même insistance et qui peut sembler à Emma — et à nous — comme une marque de mauvais goût : le rapprochement de l'acte de se nourrir — ici, prendre un café — et la **présence du corps**, mais le corps rendu visible et comme « de trop » par l'acte médical, ici, la dent arrachée et exhibée. L'asyndète qui fait se succéder dans la phrase la marque de la nourriture et celle du corps renforce cette impression. Ce détail peut d'abord s'expliquer par la fascination naïve, fréquente dans le milieu paysan, pour l'acte médical. Les origines familiales de Flaubert, sa culture, expliquent suffisamment la présence de la médecine dans le roman. Dans l'épisode du pied bot qui suit immédiatement, c'est dans une perspective très critique que l'acte médical sera représenté.

Chaque paragraphe présente une marque différente de la **nourriture** : «le» dinde et sa chair tendre, la «délicatesse de bouche» du berger, le café, les «compotes» pour Berthe. Les habitudes de table sont si étroitement liées à la société, au niveau social, que Flaubert, romancier de la province et du monde rural dans *Madame Bovary*, ne pouvait que très précisément les décrire et les situer : ainsi le repas de noces d'Emma, le dîner avant le bal à la Vaubeyssard, les repas quotidiens avec «la soupe à l'oignon et le veau à l'oseille», le festin des Comices.

La nourriture est liée aussi, plus inconsciemment, à la sexualité : dans ce paragraphe de la lettre, le voisinage de la nourriture et de la dent a pour fonction de rappeler Charles et le dégoût qu'il inspire à Emma. Sa répulsion est plusieurs fois relevée dans le roman et toujours dans son rapport avec le repas :

> « Elle se sentait, d'ailleurs, plus irritée de lui. Il prenait, avec l'âge, des allures épaisses ; il coupait, au dessert, le bouchon des bouteilles vides ; il se passait, après manger, sa langue sur les dents ; il faisait, en avalant sa soupe, un gloussement à chaque gorgée. »
>
> Première partie, chapitre IX, Classiques Garnier, p. 63.

Ou encore :

> « Mais c'était surtout aux heures des repas qu'elle n'en pouvait plus... toute l'amertume de l'existence lui semblait servie sur son assiette, et, à la fumée du bouilli, il montait du fond de son âme comme d'autres bouffées d'affadissement. Charles était long à manger. »
>
> Première partie, chapitre IX, Classiques Garnier, p. 67.

La nourriture peut évoquer aussi le désir sans dégoût ; ainsi toute la sensualité d'Emma est-elle éveillée au dîner à la Vaubeyssard par le fumet des viandes et la glace du vin de champagne. N'est-ce pas dans un panier d'abricots qu'elle reçoit la lettre de rupture de Rodolphe ? Avec une ironie tragique, qui est bien dans le ton du personnage et du roman, Charles veut la contraindre à goûter l'un de ces fruits ! Comme Charles, sans le savoir, le père Rouault évoque le dégoût d'une sexualité insatisfaite et le plaisir de l'adultère.

Le **dernier paragraphe** joue pleinement son rôle de **clôture** : il n'est pas sans rappeler plusieurs fois l'ouverture, et d'abord par l'emploi, dès la première phrase, d'un lexique très légèrement archaïque : « il me fait deuil », « ma bien-aimée petite-fille Berthe Bovary ». Les archaïsmes sont fréquents dans le parler paysan qui préserve souvent les états passés de la langue. Leur présence apporte ici une gracieuse majesté de ton. L'emploi du couple prénom-nom l'accentue encore, seul exemple du texte après Emma dans le premier mouvement et Bovary dans le troisième. L'ordre du sentiment et de l'affectivité gouverne cette strophe, autour du syntagme « ma bien-aimée petite-fille Berthe Bovary », avec plus de pureté et de grandeur qu'au premier mouvement, où l'exclamation finale « ma pauvre Emma » reste entachée d'un sensible égoïsme dans la plainte.

Mais le sentiment du père Rouault n'est pas qu'expression : il se manifeste et s'exerce dans une pratique, celle du **don**, don de l'arbre, don de la nourriture, la lettre s'achevant par où elle a commencé, avec l'envoi du «dinde». Le don caractérise — on le sait depuis l'œuvre de Marcel Mauss et le commentaire de Claude Lévi-Strauss — les sociétés primitives, dont il fait le fondement et le lien. Il est possible ici de reconnaître la trace du don dans le rite paysan de l'arbre planté et dédié, dans le soin de préserver son produit par la confection des confitures et dans la conservation jalouse de ces douceurs. Le nom «prunier de prunes d'avoine» est sans doute un normandisme. Le rite paysan, le mode d'expression du sentiment, dans leur spécificité locale, sont rattachés à la primitive pratique du don.

Emma est très «touchée» par ce comportement ; la métaphore, à peine ressentie dans l'usage courant de la langue, signifie qu'elle ressent ce rite si lointain dans une extrême proximité, un vrai contact sensible. Son émotion provoque, ce que le narrateur nomme, dans la suite du texte, «un excès de tendresse» pour son enfant, un «repentir», un «retour du sentiment» pour Charles. Les préverbes et la métaphore comprise dans «tendre» indiquent qu'elle reçoit le geste du don comme le retour d'une générosité lointaine et perdue, qu'elle s'efforce à son tour de rendre proche avec une excessive et tragique maladresse.

Pour nous, lecteurs d'aujourd'hui, plus que le désintéressement du don que l'on a pu beaucoup discuter — Bourdieu en particulier —, nous admirons surtout la **puissance organisatrice de cette pensée «primitive»** que nous restitue la longue phrase du père Rouault. Elle nous fait passer de l'extérieur, «dans le jardin», à l'intérieur, «dans l'armoire» ; du cru, «le prunier de prunes d'avoine», au cuit, «les compotes» ; de la mère, «sous ta chambre», à la fille, «à son intention, quand elle viendra».

Certains de ces pôles s'inscrivent dans les catégories grammaticales, comme les pronoms et adjectifs possessifs, ou les temps verbaux. Passé, présent, futur structurent l'ensemble de la phrase, à des positions stratégiques, tant par la place que par les fonctions syntaxiques : principale au passé en ouverture, coordination au présent de l'apodose, futur de la clausule. Phrase et pensée, à l'apparence si naïve, composent le monde, l'espace de l'habitat, le temps, les structures de parenté.

Si l'émotion, à la lecture, est si forte, la nôtre comme celle d'Emma, c'est que le monde de Théodore Rouault est décrit au moment même où il va bientôt disparaître qui est aussi le moment où Flaubert, avec Balzac et

Sand, entre magistralement en littérature. Berthe Bovary, on le sait, ne rejoindra jamais ni le jardin ni la maison de son grand-père :

> « Le père Rouault étant paralysé, ce fut une tante qui s'en chargea. Elle est pauvre et l'envoie, pour gagner sa vie, dans une filature de coton. »
>
> Troisième partie, chapitre XI, Classiques Garnier, p. 356.

Flaubert rend à cet univers qui disparaît un sublime hommage, dans la célèbre scène des Comices agricoles, en la personne de Catherine-Nicaise-Élisabeth Leroux (Deuxième partie, chapitre VIII, p. 155) :

> « Ainsi se tenait, devant ces bourgeois épanouis, ce demi-siècle de servitude. »

C'est elle que va rejoindre la petite Berthe Bovary, mais dans une autre servitude.

Dans cette perspective, le **reniement d'Emma** à l'égard du monde rural et paternel n'est pas exclusivement un reniement de classe, comme une lecture politique rapide pourrait le faire croire. Elle est elle-même une marque de l'éloignement et de la perte de ce monde. Après la lecture de la lettre, Emma se revoit elle-même dans la ferme paternelle, comme dans un paradis perdu dont la disparition l'a emportée :

> « Elle se rappela des soirs d'été tout pleins de soleil. Les poulains hennissaient quand on passait, et galopaient, galopaient... Quel bonheur dans ce temps-là ! Quelle liberté ! Quel espoir ! »

Si nous omettons maintenant la réception de la lettre par Emma et ne considérons que l'expression des seuls sentiments du père Rouault, nous rencontrerons le même **ton mélancolique** qui donne à la dernière strophe du poème en prose une tonalité baudelairienne. Elle s'exprime essentiellement par le rythme et la composition mélodique de la péroraison.

Une seule phrase conduit du passé « J'ai planté pour elle » au futur « quand elle viendra », comme pour mieux dire la force et la tension du désir. La suite des segments, bien signalés par la syntaxe et la ponctuation, semble suivre la respiration de la pensée amoureuse. Apparaissent ainsi trois mouvements, chacun ternaire, d'abord décroissant, 5 4 3, puis croissant, 8 9 12, à nouveau décroissant, 8 5 4.

« J'ai planté pour elle,
dans le jardin,
sous ta chambre,
un prunier de prunes d'avoine,
et je ne veux pas qu'on y touche,
si ce n'est pour lui faire plus tard des compotes,
que je garderai dans l'armoire,
à son intention,
quand ell(e) viendra. »

Le rythme, très complexe, de la phrase peut certes se lire autrement, selon une cadence majeure, avec une apodose qui commencerait avec la coordination ; cependant le nombre décroissant reste sensible à partir de la relative et des successifs enchâssements qui la composent. La pensée va s'amuïssant comme pour retarder l'expression d'un désir qu'elle sait irréalisable : la petite Berthe Bovary, nous l'avons dit, ne « viendra » pas voir son grand-père et le roman précise qu'après les funérailles d'Emma, celui-ci « refusa même de voir sa petite-fille ».

La couleur normande du texte et de sa clôture a aussi une autre origine : elle nous est précisément indiquée par Flaubert dans sa correspondance. Il écrit ainsi dans la lettre à Louise Colet du 16 septembre 1853, faisant allusion au roman *Paul et Virginie* de Bernardin de Saint-Pierre :

« La mort de Virginie est fort belle, mais que d'autres morts aussi émouvantes (parce que celle de Virginie est exceptionnelle) ! Ce qu'il y a d'admirable, c'est la lettre à Paul écrite de Paris. Elle m'a toujours arraché le cœur quand je l'ai lue. »

Flaubert a donc réécrit la mort de Virginie en écrivant la mort d'Emma (ce serait le sujet d'une autre explication de texte) mais il a également réécrit la lettre de Virginie sous la forme de la lettre du père Rouault. Nous citons un assez long passage de cette lettre, écrite par Virginie de France à sa mère, restée dans l'île avec Paul :

« Je joins à ce paquet des pépins et des noyaux des fruits de mes collations, avec des graines de toutes sortes d'arbres que j'ai recueillies, à mes heures de récréation, dans le parc de l'abbaye. J'y ai ajouté aussi des semences de violettes, de marguerites, de bassinets, de coquelicots, de bluets, de scabieuses, que j'ai ramassées dans les champs... Ce sera une grande joie pour moi si vous avez un jour la satisfaction de voir des pommiers croître auprès de nos bananiers, et des hêtres mêler leurs feuillages à celui de nos cocotiers. Vous vous croirez dans la Normandie, que vous aimez tant. »

Par le déplacement de Virginie en France, Bernardin de Saint-Pierre (un Normand comme Flaubert) parvient à faire de la Normandie la terre lointaine, autre, exotique. Virginie décrit les fleurs et les arbres, les propriétés des graines comme un botaniste envoyant au Muséum les semences d'une terre étrangère, rares et précieuses par ce qu'encore inconnues. Ainsi ajoute-t-elle un post-scriptum à Paul :

« Elle lui donnait quelques instructions sur les caractères de ces plantes, et sur les lieux les plus propres à les semer. "La violette, lui mandait-elle, produit une petite fleur d'un violet foncé, qui aime à se cacher sous les buissons". »

Dans *Madame Bovary*, avec une fiction infiniment réduite, une histoire banale, un déplacement infime, Flaubert réussit la prouesse de rendre exotique la même Normandie. La modestie surtout de son texte est admirable : un prunier de prunes d'avoine vaut toutes les fleurs de Virginie, et les quelques lieues qui séparent la ferme des Bertaux de Yonville l'océan qui sépare la France des îles. Par ailleurs le rapprochement des deux œuvres permet non de juger l'une au détriment de l'autre, car elles sont pour nous également belles, mais de comprendre ce qu'est une réécriture et la notion d'intertextualité. La correspondance de Flaubert montre combien la reprise de *Paul et Virginie* est volontaire et consciente. L'exercice de la création est éclairée par une telle pratique. L'écrivain se situe dans le monde des livres au moins autant que face au réel qu'il imite.

L'explication de texte se trouve contrainte à cette double lecture ; les figures superposées d'Emma lectrice et du lecteur virtuel désignent peut-être aussi la pluralité obligée de la lecture comme de l'écriture : Flaubert lisant *Paul et Virginie*, Emma lisant la lettre de son père, le lecteur lisant *Madame Bovary*. Cette multiplicité des foyers de lecture et d'écriture, inhérente à la pratique de la lettre, écriture et lecture à la fois, nous renvoie à la réflexion de Barthes sur Flaubert dans *Le Bruissement de la langue* : il est impossible de décider si le regard d'Emma, et le nôtre, devant la lettre du père Rouault, sont des regards distanciés et critiques comme devant un objet radicalement autre, ou si ce discours, ce parler, cette pensée nous touchent comme s'ils étaient proches et que nous en subissions la contagion.

Flaubert a donné cependant une réponse, sous forme de parabole :

> « On avait séché l'écriture avec les cendres du foyer, car un peu de poussière grise glissa de la lettre sur sa robe, et elle crut presque apercevoir son père se courbant vers l'âtre pour saisir les pincettes. »

Le rite est ancien, lointain, mais la cendre nous atteint et nous touche, autre et nôtre à la fois.

Conclusion

La lettre du père Rouault n'épuise donc pas son sens dans son immédiate fonction narrative. Elle est bien plus qu'une incitation pour Emma à se repentir ; bien plus aussi qu'une imitation d'un réel que le roman se donne pour sujet. Elle élève le roman à la hauteur d'un grand roman de la province, à l'égal du roman balzacien. Elle donne à ce monde une voix romanesque, comme Michelet, dans le même temps, donne une voix au Moyen Âge et aux êtres disparus, ignorés des époques révolues de notre histoire. Cette voix est d'autant plus forte qu'elle est ici modeste et banale.

Le texte de Flaubert reconnaît dans la voix du père Rouault une forme de culture, la vertu d'une « pensée sauvage », comme les fleurs de Virginie qui doivent être montrées et enseignées à Paul. La lettre expose cette pensée comme un ethnologue, un linguiste, un sociologue exposeraient les structures d'une civilisation, d'une langue ou d'une société.

Se compose donc une variation en prose poétique sur la pensée du proche et du lointain, qui rencontre nos débats contemporains sur les sociétés mais aussi nos pertes, nos exils et nos mélancolies. Les personnages et leur fonction, au même titre que les cadences, les rythmes, les correspondances, permettent d'affirmer ici, comme l'eut souhaité Flaubert, que la littérature est l'une des plus hautes formes de la pensée.

EXPLICATION 2

Alfred de Vigny
Chatterton, acte III, scène IX

[Chatterton, jeune poète calomnié et rejeté par la société, vient de boire le poison dont il mourra. Il a fait l'aveu de son amour à Kitty Bell, la jeune femme de son hôte, et a reçu le sien. Tandis qu'il monte l'escalier vers sa chambre Kitty tente de le suivre.]

SCÈNE IX

KITTY BELL, LE QUAKER

LE QUAKER *(accourant)*

Vous êtes perdue... Que faites-vous ici ?

KITTY BELL *(renversée sur les marches de l'escalier)*

Montez vite ! montez, monsieur, il va mourir ; sauvez-le... s'il est temps.

Tandis que le Quaker s'achemine vers l'escalier, Kitty Bell cherche à voir, à travers les portes vitrées, s'il n'y a personne qui puisse donner du secours, puis ne voyant rien, elle suit le Quaker avec terreur, en écoutant le bruit de la chambre de Chatterton.

LE QUAKER *(en montant à grands pas, à Kitty Bell)*

Reste, reste, mon enfant, ne me suis pas.

Il entre chez Chatterton et s'enferme avec lui. On devine des soupirs de Chatterton et des paroles d'encouragement du Quaker. Kitty Bell monte à demi évanouie en s'accrochant à la rampe de chaque marche ; elle fait effort pour tirer à elle la porte, qui résiste et s'ouvre enfin. On voit Chatterton mourant et tombé sur le bras du Quaker. Elle crie, glisse à demi morte sur la rampe de l'escalier, et tombe sur la dernière marche.

On entend John Bell appeler de la salle voisine.

JOHN BELL

Mistress Bell !

Kitty se lève tout à coup comme par ressort.

JOHN BELL *(une seconde fois)*

Mistress Bell !

Elle se met en marche et vient s'asseoir, lisant sa Bible et balbutiant tout bas des paroles qu'on n'entend pas. Ses enfants accourent et s'attachent à sa robe.

LE QUAKER *(du haut de l'escalier)*

L'a-t-elle vu mourir ? l'a-t-elle vu ? (*Il va près d'elle.*) Ma fille ! Ma fille !

JOHN BELL (*entrant violemment et montant deux marches de l'escalier)*

Que fait-elle ici ? Où est ce jeune homme ? Ma volonté est qu'on l'emmène !

LE QUAKER

Dites qu'on l'emporte, il est mort.

JOHN BELL

Mort !

LE QUAKER

Oui, mort à dix-huit ans ! Vous l'avez tous si bien reçu, étonnez-vous qu'il soit parti !

JOHN BELL

Mais...

LE QUAKER

Arrêtez, monsieur, c'est assez d'effroi pour une femme. *(Il la regarde et la voit mourante.)* Monsieur, emmenez ses enfants ! Vite, qu'ils ne la voient pas.

Il arrache les enfants des pieds de Kitty, les passe à John Bell et prend leur mère dans ses bras. John Bell les prend à part et reste stupéfait. Kitty Bell meurt dans les bras du Quaker.

JOHN BELL *(avec épouvante)*

Eh bien ! eh bien ! Kitty ! Kitty ! qu'avez-vous ?

Il s'arrête en voyant le Quaker s'agenouiller.

LE QUAKER (*à genoux*)

Ô ! dans ton sein ! dans ton sein, Seigneur, reçois ces deux martyrs !

Le Quaker reste à genoux, les yeux tournés vers le ciel jusqu'à ce que le rideau soit baissé.

Alfred de Vigny, *Chatterton,* (1835), acte III, scène IX, Garnier-Flammarion.

1. SITUATION

La pièce de Vigny, jouée à la Comédie-Française en février 1835, inaugure, après *Antony* de Dumas, le **drame romantique à sujet moderne**. Après les traductions de Shakespeare, *Roméo et Juliette*, *Le More de Venise*, *Le Marchand de Venise*, et le drame historique, *La Maréchale d'Ancre*, Vigny situe sa pièce dans l'Angleterre de 1770. Chatterton reste un personnage historique ; mais le jeune poète anglais, victime de la société matérialiste, et qui s'est efforcé de la fuir, dans ses œuvres comme dans sa vie, par le suicide, n'a été choisi par Vigny que pour sa valeur exemplaire. «Ce nom de Chatterton dont je me suis fait une arme», écrit-il dans l'une des esquisses de la pièce. Son dessein est la création la plus pure du «drame de la pensée». *Chatterton* présente donc une grande simplicité d'action. Vigny résume ainsi son drame :

> «Un jeune homme réduit à la dernière misère écrit une lettre et en attend la réponse. Voilà toute l'action des trois actes.»

La **composition** de la pièce est donc rigoureusement **classique** ; certains critiques, comme Max Milner, le regrettent, considérant le drame de Vigny, après l'exaltation des œuvres de 1830, comme l'abdication de la violence romantique. Mais le public, qui a fait à la pièce et à l'actrice Marie Dorval un accueil enthousiaste, a mieux compris sa simplicité. C'est son émotion qui sera le guide de notre explication.

La dernière scène obéit donc à l'art de la clôture classique : chaque personnage voit son sort accompli, et la crise du drame d'amour et de pensée se trouve résolue dans la mort. Il n'est pas certain cependant que ce dénouement soit si pur et si simple. Il convient de **donner la parole à la scène, au théâtre, à l'extraordinaire décor et au jeu** spectaculaire de Marie Dorval, et au dessein de Vigny de faire entendre à son public « le bruit des pistolets solitaires ». Son attente, on le sait, a été en partie comblée ; à l'explication aujourd'hui d'y répondre.

2. Projet de lecture

Une scène de théâtre, nous l'avons dit dans la partie méthodologique, est texte *et* représentation. Sans négliger l'un au profit de l'autre, tout lecteur voit ici, dans la page, par des signes typographiques sensibles — l'italique, le déplacement à droite — apparaître les didascalies, ou indications scéniques, soit un texte qui n'est pas prononcé oralement sur la scène. Et tout spectateur voit se dérouler sur le plateau une suite de gestes, attitudes des acteurs que n'accompagne aucune parole, et parfois en désaccord ou comme en marge des paroles énoncées.

La proportion de ces didascalies est exceptionnelle dans cette scène ; la lecture à haute voix du texte ne peut les omettre. La **tension créée entre le texte dit et ce long texte muet** révèle le sens véritable de la scène, non classique, qui a fortement ému le public de 1835.

3. Mouvement

Le mouvement semble uni tant il est rapide et conduit sûrement à la mort ; il est possible cependant de distinguer **trois temps**, si nous faisons intervenir les didascalies au même titre que les répliques :
– le premier, centré sur la marche presque muette des acteurs et de Kitty en particulier ;

– le second, occupé par le dialogue pressant du Quaker et de John Bell en la présence silencieuse de Kitty ;
– le troisième, très bref en apparence, consacré à la mort de Kitty, mais qu'il est loisible aux acteurs, à l'auteur, au metteur en scène, de prolonger à leur gré.

Il convient de considérer aussi l'espace du texte, soit ses **limites**. Celles qui sont imposées par le découpage de l'exercice correspondent à celles qui sont délimitées par l'écrivain lui-même, la scène étant considérée dans son intégralité. Mais une autre division est à l'œuvre dans cet espace : les limites ne sont plus les mêmes selon que l'on considère le texte des répliques ou celui des didascalies.

«Vous êtes perdue», «ici», désignent, dans la première réplique du Quaker, l'escalier, l'appartement, représentés sur le théâtre ; ce sont des lieux donnés comme proches et immédiats. La dernière réplique, qui appartient aussi au Quaker, évoque de même un lieu : «Dans ton sein ! dans ton sein, Seigneur…», mais un lieu métaphysique, médiat, accessible ici par la prière, non représenté scéniquement.

On pourrait dire que le travail du texte consiste en ce passage d'un lieu à l'autre. Mais si l'on considère maintenant l'autre texte, celui non prononcé mais représenté, l'espace entre l'incipit et la clôture se mesure tout autrement. Kitty, à l'ouverture de la scène, est «renversée sur les marches de l'escalier». À sa clôture, après avoir parcouru l'espace de scène, elle se retrouve dans le même lieu, toujours représenté : le théâtre ne donne pas à voir pour elle d'autre refuge, aucun «sein du Seigneur» ; et après sa prière, le Quaker la tient exposée longtemps dans cet «ici, maintenant» qui reste muet comme le lieu de la mort.

Cette différence entre la promesse de la parole et le silence de la scène, entre la dynamique des répliques et la cruauté paralysante du théâtre, interdit de conclure à la simplicité du drame.

4. Analyse linéaire

Mouvement 1

La scène précédente s'est achevée sur la chute de Chatterton mourant, le cri d'effroi de Kitty, sa première chute ; l'arrivée précipitée du Quaker poursuit ce mouvement violent et heurté des corps sur le plateau, qui ne cessera qu'à l'extrême fin de la scène et de la pièce, avec la mort et la prière. La dramaturgie de la clôture passe par ce déploiement de mouvement qu'il faudra arrêter.

La clôture se manifeste par un autre aspect, bien connu, la **figure du retour au commencement**, comme si un instinct de mort gouvernait la fin d'une œuvre, tout particulièrement au théâtre. Là le dénouement s'accompagne d'une réelle disparition, fin de la représentation, départ des acteurs, du moins au regard, départ du public, fermeture de la salle. L'arrivée du Quaker rappelle la scène première et bientôt les enfants en renouvelleront le «tableau», tandis que la voix de John Bell, légèrement déplacée, renvoie à sa première apparition.

Mais la reprise s'arrête là car le premier échange entre Kitty et le Quaker relève le caractère exceptionnel de la situation. La réplique du Quaker s'attache à l'espace, «ici» représente les dernières marches de l'escalier monumental qui relie et sépare l'appartement des Bell et celui de Chatterton. Kitty — la scène précédente l'a montré — était donc en marche vers l'espace réservé de Chatterton. Aussi les paroles du Quaker «vous êtes perdue» sont-elles très ambiguës. Elles peuvent signifier :

1) vous êtes égarée ;
2) vous allez mourir ;
3) vous êtes perdue d'honneur, car Kitty aurait pu céder à son amour pour Chatterton.

La réplique de Kitty «Montez vite !» ajoute à l'urgence dans l'espace l'urgence dans le temps : «Il va mourir ; sauvez-le... s'il est temps.» Mais ce sont ses dernières paroles audibles. Le reste de la scène sera joué en sa présence, mais présence silencieuse. Son rôle, à partir de cet instant, n'est plus que déplacement et gestes sur le théâtre. Le déplacement du Quaker s'ajoutera au sien.

Ces mouvements, décrits par le texte de Vigny dans un texte qui restera muet, ont pour fonction de reprendre, au moment où la scène va se clore, la **totalité de l'espace**. Toutes les pièces — la boutique, la chambre, l'escalier — qui donnent sur ce grand appartement abondamment décrit à l'ouverture de l'acte I, désignées dans les didascalies, sont ici parcourues par Kitty. Elle les parcourt du corps et du regard et le spectateur les parcourt à sa suite. La scène se donne à voir totalement et pathétiquement, comme elle s'est exposée avec la sérénité d'un tableau à l'ouverture. Le déroulement du drame de Chatterton et de Kitty peut se mesurer à cette transformation, cette différence dans les vitesses et les modes d'appréhension de l'espace. Vigny qui, dans son drame, a prêté de si longs monologues à Chatterton, de si vives répliques à Kitty, choisit ici le pur et violent langage de la scène, pour faire voir une mort dans un au-delà de la parole. «Le bruit de la chambre de Chatterton», cette chambre que le spectateur doit voir, s'ajoute encore à la représentation d'une mort qui ne peut se dire.

Les gestes du Quaker couvrent un espace un peu différent et sur un autre rythme ; mais surtout ils s'accompagnent d'une ultime parole à Kitty : celle d'un interdit, un interdit qui porte sur l'espace, l'escalier qui conduit à la chambre de Chatterton. La tendresse des termes «mon enfant» n'atténue en rien l'autorité du ton qui peut, au gré de l'acteur, aller jusqu'à la violence.

L'escalier, espace de Chatterton où il apparaît pour la première fois, qu'il parcourt souvent, qui conduit à sa chambre, est interdit à Kitty, non pas parce qu'il est le lieu du poète, mais parce qu'elle aurait pu l'aimer, et que cet espace est devenu celui de la mort, et de la mort volontaire, par suicide. C'est à elle cependant qu'il revient de transgresser l'interdit et d'atteindre le lieu de la mort selon un cheminement qui ressemble à une passion.

Il convient ici de revenir sur cet élément particulier du décor, l'escalier. Il est décrit par le texte dans les indications scéniques de l'acte I :

> «Un grand escalier tournant conduit à plusieurs portes étroites et sombres, parmi lesquelles se trouve la porte de la petite chambre de Chatterton.»

Il permet la séparation et la jonction de deux espaces — espace du haut, espace du bas — également visibles pendant la représentation. L'espace du haut, de même que l'espace intermédiaire de l'escalier, n'est pas, contrairement à ce qui a pu être écrit, réservé à Chatterton. Les jeunes lords, ses anciens amis, y font leur dîner de chasse, et John Bell lui-même ordonne à Kitty de s'y rendre pour honorer la visite du Lord Maire.

L'escalier a donné lieu, à l'époque romantique, à de fastueuses représentations scéniques ; mais bientôt, considéré comme une marque de romantisme excessif, il a été l'objet de nombreuses critiques, dont celle d'Émile Zola. Il a donc été progressivement réduit pour enfin disparaître. La mise en scène moderne l'a retrouvé, comme l'indique l'article de Jourdheuil dans la revue *Romantisme* de 1982, et à nouveau exalté.

Dans cette dernière scène, l'escalier, qui supporte les déplacements de tous les acteurs, a d'abord le mérite de nous fournir un document sur le jeu de l'actrice Marie Dorval. C'est à elle que revient l'idée de la chute spectaculaire de Kitty, qui dévale une à une toutes les marches de l'escalier. Le metteur en scène alors n'existe pas ; la mise en scène et la direction d'acteur appartiennent à la fois à l'auteur et aux acteurs eux-mêmes, très influents. Nous le savons, en particulier, grâce aux *Mémoires* de Dumas racontant les échanges entre Hugo et Mademoiselle Mars lors des répétitions d'Hernani.

Mais nous voudrions montrer que la chute de Kitty n'est pas qu'un jeu de scène excessif, révélateur d'un genre et d'une époque, ni la fantaisie d'une actrice. La chute et sa lente préparation représentent précisément la pensée de Vigny qui choisit **les signes de la scène** plutôt que ceux de la parole et parfois ceux de la scène *contre* ceux de la parole.

Kitty et Marie Dorval offrent au public un double spectacle, la transgression de l'interdit et la manifestation de la mort. La **transgression de l'interdit** ne renvoie pas seulement au drame d'amour mais au suicide, interdit majeur, qui va être ici complaisamment exposé. La manifestation de la mort reçoit une double image, celle de Chatterton et celle de Kitty. Et ces représentations se font sans une parole du personnage, sans une parole de l'actrice.

La transgression s'exprime par la lenteur de la montée, l'effort et la difficulté pour ouvrir la porte de la chambre de Chatterton, et la chute enfin qui succède à la vue comme une suite logique et comme une punition. La didascalie précise la difficulté du souffle et des pas : «à demi évanouie, en s'accrochant, à chaque marche.» L'expression «sur la dernière marche» insiste sur les limites de l'espace interdit à Kitty.

Les mêmes signes valent pour la **manifestation de la mort**. Celle de Chatterton est d'abord invisible mais audible. La didascalie est sur ce point très délicate à concevoir : comment comprendre en effet l'indication «On devine des soupirs et des paroles d'encouragement» ? L'article indéfini, particulièrement intéressant, suppose une grande liberté laissée aux acteurs et au metteur en scène : nous pensons que ces soupirs et ces paroles jouent plutôt comme un bruitage, des sons, en deçà du discours articulé mais pouvant parfois l'atteindre. Il faut aussi faire intervenir la densité de ces deux sons, et les lieux d'où ils sont émis sur le théâtre, ainsi que leur relation entre eux, s'ils se chevauchent, se couvrent, ou se différencient dans l'alternance.

Lorsque la porte «s'ouvre enfin», la mort de Chatterton est manifestée visuellement après cet effet d'attente qui la rend comme désirable au spectateur, qui s'est nécessairement identifié à Kitty dans ses efforts. Le corps agonisant de Chatterton est d'autant plus visible qu'il est soutenu, porté par les bras du Quaker qui lui sert en quelque sorte de scène. Deux scènes s'offrent alors aux yeux du spectateur puisque simultanément vont survenir le cri et la chute de Kitty. Cette double ostentation de la mort se fait en l'absence de toute parole articulée ; il est impossible de rendre compte de l'extraordinaire travail du corps que l'acteur doit réaliser et que le dramaturge impose. Il est possible d'évoquer, nous semble-t-il, l'avenir d'une telle dramaturgie : un **théâtre de la cruauté** est ici en germe, d'autant qu'aucun élément ne renvoie ici à une psychologie des personnages, mais que tout contribue à jouer, sur la scène et avec les plus concrets des moyens scéniques, la manifestation des transgressions et le spectacle de la mort. De plus, dans ce mouvement, Kitty est seule sur le devant de la scène, et elle restera longtemps ainsi jusqu'à l'arrivée de John Bell et le retour du Quaker, resté auprès de Chatterton. Sa solitude accroît sensiblement le pathétique de sa situation et aussi l'émotion du spectateur qui est seul à partager par le regard la solitude de sa passion.

Chatterton a pris le poison devant le spectateur, à l'issue d'un long monologue, de structure classique, qui est, on le sait, un discours adressé au spectateur. L'explication, la justification, la valeur testamentaire, tout a disparu ici. Kitty meurt, sans aucune parole, en se montrant et en offrant elle-même au spectateur le spectacle du poète agonisant. On pourrait dire qu'il y a une impudeur de Kitty dans la mort ; c'est ce qu'a bien compris Marie Dorval qui a accentué l'effet ostentatoire de la chute.

Vigny n'a pas renié le jeu de son actrice ; il était compris dans le rôle et dans « l'idée », l'essentiel pour le poète selon qui le théâtre n'est rien que la manifestation de l'idée. Il a un mot cependant pour signifier justement cette ostentation extrême et paradoxale chez Kitty : le **martyre**. Il n'y a que le martyre qui s'offre aussi théâtralement en spectacle. *Le Journal d'un poète* nous fournit une occurrence du terme, précisément à propos de la première représentation de *Chatterton* :

> « C'est alors que mes amis sont venus à moi et se sont jetés à mon cou en fondant en larmes. Ils balbutiaient des paroles sans suite, des cris : "mon ami, mon ami" ; ils ont souffert aussi ce martyre que j'ai écrit. »

Mouvement 2

À l'appel de John Bell, le mouvement de Kitty rappelle sa **servitude**. Mais, en tant que signe, appel et mouvement font fonction de mémoire. Ils rappellent la scène d'ouverture de l'acte I. Le « tableau flamand », selon le titre même que Vigny donne à son drame, se reconstitue mais marqué d'un signe mortel. La Bible, la présence des enfants, leur attitude, la voix de John Bell, tout est citation, et la mémoire du spectateur, ainsi exercée, perçoit dans les différences les jeux de la mort.

À la scène I de l'acte I, John Bell s'annonce aussi par la voix qui fait trembler Kitty de terreur :

> « Cette voix me brise le cœur... J'ai besoin d'être assise. N'est-ce pas comme un orage qui vient ? »

À l'instant de la clôture, la situation est reprise mais ici plus de métaphore de l'orage, plus de parole pour Kitty. Elle est dans l'orage même et comme foudroyée. Le discours est réduit à ce balbutiement inaudible. Les signes de la scène ont pris la relève. Le spectateur saisit dans ces variations l'écriture de la mort.

Mais les variations existent aussi à l'intérieur de la scène, ici l'immobilité et le murmure, plus haut la chute violente et le cri. Kitty retrouve, en ce second moment, une **attitude presque stoïque**, comparable à celle de Chatterton lorsqu'il s'écrit à la fin de son premier monologue, refusant de cacher l'opium :

> « Caton n'a pas caché son épée. Reste comme tu es, Romain, et regarde en face. »

L'entrée en scène, longtemps retardée, de John Bell et du Quaker ne change en rien l'attitude de Kitty ; aussi le théâtre présente-t-il alors une double animation : d'une part l'échange bref et vif des deux hommes, de l'autre le groupe, immobile comme une statue et muet comme elle, de Kitty et de ses enfants. C'est sur ce groupe que se tournent le Quaker et John Bell, et ils dirigent ainsi le regard du spectateur. Mais la question du Quaker n'est que l'annonce renouvelée de la mort de Kitty, car demander si elle a vu mourir Chatterton, pour le spectateur qui le sait, c'est dire que Kitty va mourir. Les paroles de John Bell présentent au contraire un retard de savoir ; d'ailleurs sa première question «Que fait-elle ici ?» n'est que la répétition de la première réplique du Quaker. Sa véritable fonction, outre l'effet de recommencement, est de permettre au Quaker de faire, en deux répliques, le récit du martyre de Chatterton.

Dans une dramaturgie classique, le sort de chaque personnage doit être résolu et connu. Il pouvait demeurer un doute sur le sort de Chatterton qui est ici effacé. De plus la dernière réplique du Quaker se présente comme une véritable formule, le résumé exact du sujet du drame, son «idée». Elle résonne comme l'épitaphe de Chatterton telle que Vigny peut l'évoquer dans son écrit de 1835 sur les œuvres de Chatterton :

> «J'ai vu dans une ancienne église, en Normandie, une pierre tumulaire, posée en expiation, par ordre du pape Léon X, sur le corps d'un jeune homme mis à mort par erreur. Moins durable sans doute que cette pierre, puisse ce drame être, pour la mémoire du jeune poète, un LIVRE EXPIATOIRE ! Puissions-nous surtout, dans notre France, avoir une pitié qui ne soit pas stérile pour les hommes dont la destinée ressemble à celle de Chatterton, mort à dix-huit ans.»

Par cette réplique, «Oui, mort à dix-huit ans !», le Quaker clôt le drame de Chatterton, mais en répondant en particulier à John Bell, il s'adresse à l'ensemble des spectateurs, et au-delà au public, à la nation que Vigny souhaite toucher ; le pronom de la deuxième personne du pluriel, et l'indéfini «tous» l'indiquent précisément.

Cette réplique, sous forme de formule, n'arrête cependant pas la pièce car elle est entendue sur scène par Kitty, immobile et muette. Cette annonce la tue, d'où le brusque arrêt que le Quaker impose à son discours et à celui de John Bell. «L'effroi» est ce qui maintenant va régner sur scène : ici commence le troisième temps de la mort de Kitty et la vraie fin du drame.

Mouvement 3

Le Quaker prononce le terme «une femme», puis «ses enfants», jamais le nom de Kitty, qui appartient désormais à John Bell, que le spectacle de la mort attendrit. Le regard supplée au nom : «*(Il la regarde et la voit mourante.)*» **L'interdit du regard sur la mort** s'adresse maintenant aux enfants. Par un paradoxe remarquable, au moment où cette interdiction s'annonce, la parole se tait et le texte se voue au seul regard. Le spectateur est invité à voir longuement le spectacle interdit, et trois didascalies — texte non prononcé sur la scène — suppléent à la vision pour le lecteur.

Ce dernier moment est marqué d'une **violence gestuelle** qui rappelle l'ouverture de la scène. Le déplacement des enfants est particulièrement vif et cruel : le groupe inséparé qu'ils forment avec leur mère est à jamais défait. Dans *Sur les représentations du drame*, Vigny loue ainsi la création du personnage de Kitty par Marie Dorval :

> «Sans cesse elle fait naître le souvenir de vierges maternelles de Raphaël et des plus beaux tableaux de la Charité ; comme elles aussi, elle porte, elle emmène, elle assied ses enfants, qui ne semblent jamais pouvoir être séparés de leur gracieuse mère.»

La séparation a lieu et instaure donc le moment précis de la mort.

Le Quaker y ajoute deux autres gestes, moins violents, prendre Kitty dans ses bras, s'agenouiller. Le premier rappelle le geste dont il a soutenu Chatterton au commencement de la scène et fait se rejoindre ici Chatterton et Kitty, ou plutôt leurs corps morts sur la scène. À nouveau ce geste sert au spectacle et à l'ostentation de la mort. L'exclamation de John Bell représente la difficulté à soutenir ce spectacle, à le comprendre, surtout de la part de ceux qui en sont responsables. Son personnage figure ces législateurs qui n'entendent pas «le bruit des pistolets solitaires».

Le second geste, l'agenouillement, annonce la prière que le Quaker prononcera sans sa dernière réplique. John Bell reconnaît la mort à ce **geste religieux**. Mais la scène cependant ne s'achève pas sur cette prière.

La dernière didascalie insiste sur la présence muette du Quaker, longtemps prolongée, donc sur celle de John Bell, épouvanté, des enfants, détournés, et de Kitty, soit allongée sur le sol devant le Quaker à genoux, soit dans ses bras, exposée comme le martyr sur son chevalet. Il n'est pas dit si le corps de Chatterton est encore visible, en haut de l'escalier. Ces dispositions des corps dans l'espace restent à la discrétion des acteurs ou du metteur en scène. Quoi qu'il en soit, un tel tableau final prouve un souvenir, mieux une réécriture de la scène shakespearienne par Vigny qui, avec son drame, ne se contente plus de traduire le dramaturge anglais.

Il nous semble, et nous l'avons annoncé dans le projet de lecture et l'étude des mouvements, que **la scène et son espace de mort entrent en tension avec l'espace religieux** qu'appelle le Quaker dans sa prière. Il ne s'agit pas de mettre en doute la croyance de Vigny dans les valeurs religieuses et spirituelles ; il faut dire au contraire que le théâtre représente, selon la volonté du poète, la pensée mise à mort par le monde matériel. L'extraordinairement long silence de Kitty oblige l'actrice à user de signes radicalement autres que ceux du langage, mouvements du corps, jeux du visage, travail sur la totalité de l'espace de la scène. L'espace de la scène, l'immédiateté de sa présence sont exaltés par une telle dramaturgie de signes non verbaux. Il figure le lieu de désespoir que le monde est devenu pour ces êtres jeunes, habités du génie de l'esprit ou du cœur. Aucun autre espace, aucun autre temps, fussent-ils sacrés et religieux, ne peuvent effacer, ou faire oublier par une parole l'ici et le maintenant.

Conclusion

La dernière scène de *Chatterton* obéit à l'art classique de la clôture. Tout un jeu de correspondances rend très sensible l'effet de **retour aux commencements,** comme si l'œuvre obéissait à un puissant « instinct de mort ». Enfin, les quatre personnages principaux sont réunis : le guide moral, le représentant de la société responsable et les deux héros. Ceux-ci reçoivent leur sort mortel devant les deux témoins dans une parfaite lucidité.

Cependant l'effet d'achèvement n'est pas complet : en grand dramaturge, à la manière de Shakespeare et plus tard de Beckett, Vigny maintient l'œuvre ouverte. Le travail exceptionnel sur l'espace de la scène, plus que le texte lui-même et parfois contre lui, en appelle fortement au spectateur, à son émotion d'abord, à son action ensuite. Le drame, loin de répéter la tragédie classique, relève d'un romantisme de l'action que l'on peut juger utopique, ou excessif dans ses moyens, mais qui passe nécessairement par la manifestation ostentatoire de la mort par condamnation au suicide.

Vigny a œuvré lui-même à cette **ouverture sur l'action**. La création et les représentations de *Chatterton* ont été suivies de plusieurs écrits et discours à la Chambre des députés afin d'obtenir une loi plus libérale sur la propriété littéraire. *La Lettre à Messieurs les députés du 15 janvier 1841, De Mlle Sedaine et de la propriété littéraire*, est la plus connue des entreprises d'Alfred de Vigny pour empêcher les suicides par dénuement des poètes et des écrivains. Mais pour conclure, nous préférons citer la lettre du 1 septembre 1835 au directeur de *La Revue des deux mondes* :

> « Monsieur,
> Le public qui a bien voulu écouter quarante fois le drame de *Chatterton* au Théâtre-Français, et le lire depuis, a vu que, loin de lui conseiller le suicide, j'avais dit : *Le suicide est un crime religieux et social ; c'est ma conviction* ; mais que, *pour toucher la société, il fallait lui montrer la torture des victimes que fait son indifférence.* »

EXPLICATION 3

Jean-Jacques Rousseau
Discours sur l'origine et les fondements de l'inégalité parmi les hommes

[Dans la première partie de son discours, Jean-Jacques Rousseau a défini « l'état de nature », ce qu'il nomme « la supposition de cette constitution primitive » de l'homme. Il lui reste la tâche difficile d'évoquer « les différents hasards » qui ont pu lui faire quitter cette constitution et le conduire, lui et le monde, « au point où nous les voyons ».]

SECONDE PARTIE

Le premier qui ayant enclos un terrain, s'avisa de dire : *Ceci est à moi*, et trouva des gens assez simples pour le croire, fut le vrai fondateur de la société civile. Que de crimes, de guerres, de meurtres, que de misères et d'horreur, n'eût point épargnés au genre humain celui qui, arrachant les pieux ou comblant le fossé, eût crié à ses semblables : Gardez-vous d'écouter cet imposteur ; vous êtes perdus, si vous oubliez que les fruits sont à tous, et que la terre n'est à personne. Mais il y a grande apparence, qu'alors les choses en étaient déjà venues au point de ne pouvoir plus durer comme elles étaient ; car cette idée de propriété, dépendant de beaucoup d'idées antérieures qui n'ont pu naître que successivement, ne se forma pas tout d'un coup dans l'esprit humain. Il fallut faire bien des progrès, acquérir bien de l'industrie et des lumières, les transmettre et les augmenter d'âge en âge, avant que d'arriver à ce dernier terme de l'état de nature. Reprenons donc les choses de plus haut et tâchons de rassembler sous un seul point de vue cette lente succession d'événements et de connaissances, dans leur ordre le plus naturel.

Jean-Jacques Rousseau, *Discours sur l'origine et les fondements de l'inégalité parmi les hommes*, seconde partie, Garnier-Flammarion, p. 205.

1. Situation

Quatre ans après le *Discours sur les sciences et les arts* de 1750, qui valut à Jean-Jacques Rousseau le prix de l'Académie de Dijon, la même Académie propose une nouvelle question : *Quelle est l'origine de l'inégalité parmi les hommes, et si elle est autorisée par la loi naturelle.* Jean-Jacques Rousseau trouve là une occasion d'approfondir sa pensée et de donner un fondement philosophique à la critique de la société commencée dans le premier discours.

L'**état de nature** a été méthodiquement défini ; l'homme physique d'abord, dans sa solitude, avec sa vigueur et ses rares besoins ; l'homme métaphysique ensuite, doué de perfectibilité, de liberté, de pitié mais non de raison. Jean-Jacques Rousseau précise clairement que cet état a pu ne jamais exister. Il prévient son lecteur qu'il ne se fonde, pour atteindre cette origine, ni sur la théologie, ni sur les sciences exactes ; qu'il n'use donc ni de l'expérience, ni de l'observation. Il se démarque ainsi de la démarche des naturalistes comme Buffon, du récit des voyageurs comme Lahontan. Même si aujourd'hui les ethnologues comme Lévi-Strauss s'inspirent de son œuvre, sa position strictement philosophique doit être sans cesse réaffirmée : «Que mes lecteurs ne s'imaginent donc pas que j'ose me flatter d'avoir vu ce qui me paraît si difficile à voir.»

Il conclut de ces principes que dans le «véritable état de nature», «l'inégalité, même naturelle, est loin d'avoir autant de réalité et d'influence que le prétendent nos écrivains». Son propos est donc aussi **polémique** ; et ce caractère est d'autant plus accentué dans la seconde partie du discours qu'alors Jean-Jacques Rousseau veut démontrer que la société civile est responsable de la plus grande inégalité. Il rencontre donc des difficultés de méthode et de principe car, dans l'ordre de la société, tous ont pu «voir», et son lecteur, et lui-même, et ses différents adversaires philosophes.

2. Projet de lecture

Jean-Jacques Rousseau guide lui-même son lecteur dans les dernières pages de la première partie. Il pose en principe que, les facultés de l'homme en l'état de nature ne pouvant «se développer d'elles-mêmes», seuls quelques «hasards» pouvaient le faire sortir de sa «constitution primitive». Quel hasard choisir ? Comment le cerner ? comment le décrire ? L'ouverture de la seconde partie doit répondre à ces diverses questions. La solution choisie est particulièrement originale puisque Jean-Jacques Rousseau va traiter comme un événement la question théorique du droit à la propriété.

L'incipit doit aussi résoudre une autre difficulté : comment «lier» ces hasards entre eux ? comment les «lier» à l'état de nature, état essentiellement séparé ? La question est autant philosophique que rhétorique et littéraire, et l'ouverture souligne aussi la **double vocation du texte**.

3. Mouvement

Les limites du passage indiquent exactement la double problématique du texte : la première formule «Le premier qui ayant enclos un terrain» renvoie au «hasard» dramatique ; la dernière «dans leur ordre le plus naturel» à l'effort de liaison. Le texte se développe en trois temps, une fable, une réflexion du philosophe qui corrige la fable, enfin l'annonce de la méthode et du mode qui vont suivre.

4. Analyse linéaire

Mouvement 1

Le texte s'ouvre sur une proposition qui comporte le récit d'un événement très fortement dramatisé mais qui n'en a pas moins une **fonction argumentative**. La phrase d'ouverture supporte la thèse critiquée : la propriété et la société civile ; le second temps, plus important dans sa longueur, développe la thèse soutenue : le refus de la propriété et le retour à un état antérieur à la société. L'incipit est aussi une proposition et toute la suite de la seconde partie en sera comme la confirmation. Comme nous l'avions montré dans la partie méthodologique, le texte argumentatif comporte des séquences qui peuvent être très diverses et qui ici se révèlent d'abord manifestement narratives.

Ce bref premier mouvement en forme d'apologue donne une démonstration éclatante des pouvoirs de l'argumentation : il n'y a pas ici de froide démonstration ni d'insidieuse persuasion : c'est la toute-puissance du récit qui entraîne la conviction et, avec elle, les sentiments du cœur. Car nous avons ici, pour parler comme Pascal, un texte «sensible au cœur». La **dramatisation** se marque par l'individualisation du sujet, la figure d'un geste concret — «ayant enclos un terrain» —, l'aspect des verbes accentuant la soudaineté de l'action, la brièveté des paroles rapportées au discours direct et dont l'italique souligne le caractère lapidaire et l'autorité sans réplique. La cadence de la phrase, très nettement mineure, isole et souligne le prédicat, lui donnant la forme d'un événement dramatique. Le nombre des syllabes, aussi arbitraire soit-il, fait apparaître à la fois un effet de régularité et de progression. La ponctuation fait bien sentir que les groupes qui composent la phrase complexe obéissent plus au rythme qu'à la structure syntaxique ; et chacun d'eux joue comme une mesure, toujours une variation de l'alexandrin, avec une gradation croissante jusqu'à la protase.

> «Le premier qui ayant enclos un terrain,
> s'avisa de dire : *Ceci est à moi,*
> et trouva des gens assez simples pour le croire,
> fut le vrai fondateur de la société civile.»

La dramatisation a valeur philosophique : elle figure la violence de la séparation d'avec l'état de nature, état immobile en lui-même et rigoureusement distinct de la société civile. À l'encontre de tout un courant de pensée, l'acte essentiel de fondation, et de fondation de la société tout entière, est conçu comme un hasard, hors de toute nécessité. Une idée soudaine, un concours de circonstances, un geste et une parole arbitraire ont suffi, en lieu et place de tout autre acte fondateur. Le discours de «l'imposteur» annonce le discours du «riche» qui prend place dans la suite du texte et impose aux «hommes grossiers faciles à séduire» le pacte social. La valeur programmatrice de l'ouverture est assurée ; et les hasards, annoncés à la fin de la première partie, se font écho et se rappellent l'un l'autre.

Jean-Jacques Rousseau pratique ici une remarquable **écriture de la coupure** ; la fable, la narration, la phrase unique et son rythme, la force conclusive de la cadence, la dynamique de la progression, tout contribue à rendre sensibles ces «différents hasards», ce «concours fortuit de plusieurs causes étrangères qui pouvaient ne jamais naître». Il faut donc admirer dans ce texte l'alliance littérature philosophie, écriture pensée propre au siècle des Lumières, dont Jean-Jacques Rousseau et Diderot sont les véritables inventeurs.

L'évocation, sur un ton violemment critique, de l'instauration de la société civile par la propriété est encore l'objet de la seconde phrase. Elle se fait sur le mode d'une anticipation indignée : les malheurs annoncés sont ceux-là même dont la seconde partie du discours va donner bientôt l'analyse, expliquer l'apparition. La voix du philosophe se fait véhémente pour prophétiser et fustiger à la fois des malheurs qui sont d'abord des crimes, puis des supplices. Une autre forme de la dramatisation apparaît, succédant à la fable de la fondation de la société et la complétant. Les gestes concrets — arracher les pieux, combler un fossé — reprennent en les redoublant les gestes de l'imposteur. Le discours répond au discours mais son auditoire s'élargit au «genre humain», aux «semblables». Sa forme passe du «dire» au «cri». L'énonciation, au lieu de se réduire à une affirmation solitaire, est une véritable adresse à une seconde personne et, au-delà, au lecteur. Le message est d'abord une accusation, où le fondateur de la société civile reçoit le titre qu'il mérite, «l'imposteur», qui désormais le définira dans le discours ; il est ensuite un avertissement contre l'oubli, un éveil pour l'auditoire de «ses semblables», alors que le discours de l'imposteur jouait de la naïve crédulité des «gens simples». Son contenu enfin est une critique complexe de la notion de propriété exprimée avec l'art d'une sentence et non un acte brut d'appropriation réduit à la formulation la plus pauvre.

Le discours de Jean-Jacques Rousseau aussi bien que la voix imaginaire qui s'élève contre l'imposteur ont une **portée polémique** : leurs voix répondent à la pensée du philosophe anglais Locke qui, dans son *Traité sur le* *gouvernement civil*, lie la propriété à l'acte d'enclore et affirme qu'« en l'état de nature la propriété s'acquiert sur les fruits comme sur la terre », et sans qu'il soit besoin « du consentement exprès de tous ». Mais, au-delà de ce débat entre philosophes, le texte complète la pensée propre de Jean-Jacques Rousseau et fonde son originalité. Nous reprenons ici l'analyse de Victor Goldschmidt qui, dans son ouvrage *Les Principes du système de Rousseau* (1974), discerne deux idées principales : « la première est la distinction entre les fruits et la terre », la seconde « la solidarité » entre la propriété et la société.

Pour la première, Rousseau s'inspire de Pufendorf, philosophe allemand du siècle précédent et théoricien du contrat social, qui s'exprime toutefois en des termes un peu différents. Évoquant, dans *Le Droit de la nature et des gens* de 1672, le passage d'une « communauté négative » à « une communauté positive », Puffendorf affirme l'existence dans l'état de nature d'un moment où « rien n'appartenait à l'un plutôt qu'à l'autre » :

> « On conçoit que les hommes convinrent d'abord ensemble, que dès que quelqu'un se serait saisi d'une chose ou de ses fruits, à dessein de les faire servir à ses besoins, aucun autre ne pourrait l'en déposséder, en sorte que le fond ou la substance même des choses qui ne se consument point par l'usage, demeurerait toujours en commun. »

Si l'on excepte la notion de contrat, que Rousseau n'admet pas dans l'état de nature, l'on reconnaît dans cette distinction la marque d'une époque heureuse qui n'a été abolie que par l'invention de la métallurgie et de l'agriculture. La suite du second discours consacre plusieurs passages à cet état heureux, qui sont comme autant de poèmes en prose chantant « l'âge des cabanes », moment de bonheur perdu que vint interrompre, avec l'invention de ces deux arts, « le funeste hasard » de la fondation de la propriété :

> « Plus on y réfléchit, plus on trouve que cet état était le moins sujet aux révolutions, le meilleur à l'homme, et qu'il n'en a dû sortir que par quelque funeste hasard ».
> « Dès qu'on s'aperçut qu'il était utile à un seul d'avoir des provisions pour deux, l'égalité disparut, la propriété s'introduisit, le travail devint nécessaire et les vastes forêts se changèrent en campagnes riantes qu'il fallut arroser de la sueur des hommes, et dans lesquelles on vit bientôt l'esclavage et la misère germer et croître avec les moissons. »

La seconde idée fait toute l'originalité de la pensée de Rousseau. Il ne s'attache pas ici à démontrer l'origine du droit de propriété, objet de nombreux débats philosophiques, mais à manifester d'emblée la **corrélation entre ce droit et la société constituée**. De là la nécessité littéraire de placer en position d'incipit la scène de fondation de la propriété, au moment précis où s'ouvre le mouvement du discours consacré à la société civile. Qui entre en société, entre en propriété. C'est là une constante de la pensée politique de Rousseau, du *Discours sur l'économie politique* au *Contrat social*.

Il faut prendre garde de mal interpréter cette pensée et surtout de mal comprendre l'idée de corrélation. Elle entraîne, certes, un discrédit sur l'idée de propriété puisqu'elle la rattache si étroitement à la société qui est l'objet d'une forte critique dans la seconde partie du *Discours*. Mais — et ici nous citons Victor Goldschmidt — ce discrédit «n'empêche en rien, une fois la société reconnue comme nécessaire (où si l'on veut : comme un mal nécessaire) de qualifier le droit de propriété de “plus sacré de tous les droits des citoyens”». Cependant, et là est l'originalité du texte, le droit de propriété n'est pas interprété «comme un droit civil, fondé sur des lois positives mais bien plutôt, dans la perspective de Rousseau, ce sont ces lois qui sont fondées sur le droit de propriété». L'invention de l'idée de propriété est donc à l'origine de la société civile, et par là elle ne peut se déduire des lois internes à cette société ; mais comme elle est aussi radicalement séparée de l'état de nature — et le texte écrit avec quelle violence et par quel coup de force —, elle ne peut donc aucunement prétendre le représenter dans l'état de société. Une situation si radicale justifie l'étonnante mise en scène des gestes et du discours de l'imposteur ; mais il nous semble que le même texte obéit à une autre fin, moins explicite peut-être, et qui tient à sa qualité d'écrit sur les origines.

Le **problème de l'origine** est dans la question même proposée par l'Académie de Dijon : «Quelle est l'origine de l'inégalité parmi les hommes, et si elle est autorisée par la loi naturelle.» Mais Rousseau n'avait pas besoin de la question ; l'interrogation sur l'origine est une des constantes de sa pensée ; la preuve en est le traitement du premier discours où la notion d'origine n'intervenait nullement dans la question de l'Académie : «Si le rétablissement des sciences et des arts a contribué à épurer les mœurs. » Dans cet ouvrage qui lui valut le prix et fit sa célébrité, Rousseau donne deux aspects de la notion d'origine, celui de point de départ, de source, et celui d'état originel, généralement heureux et perdu.

Le premier sens apparaît clairement dans la seconde partie du discours, alors qu'il évoque les légendes sur la naissance des sciences :

> « Les sciences et les arts doivent donc leur naissance à nos vices : nous serions moins en doute sur leurs avantages, s'ils la devaient à nos vertus. Le défaut de leur origine ne nous est que trop retracé dans leurs objets. »

Le second sens du terme peut se déduire de la prosopopée de Fabricius, que le philosophe imagine pleurant sur la Rome primitive disparue :

> « Ô Fabricius ! qu'eût pensé votre grande âme, si pour votre malheur rappelé à la vie, vous eussiez vu la face pompeuse de cette Rome sauvée par votre bras et que votre nom respectable avait plus illustrée que toutes ses conquêtes ? Dieux ! eussiez-vous dit, que sont devenus ces toits de chaume et ces foyers rustiques qu'habitaient jadis la modération et la vertu ? Quelle splendeur funeste a succédé à la simplicité romaine ?»

La **fable de l'imposteur** est une fable sur l'origine. Il n'y a plus à revenir sur l'écriture dramatique de la naissance de la propriété. Mais dans le discours indigné du philosophe, dans le discours imaginé de celui qui s'élève contre l'imposteur, dans sa formule « les fruits sont à tous, et (…) la terre n'est à personne », passe le souvenir de ce bonheur perdu du « temps des cabanes », comparable, on le voit, à la première Rome. La voix de Jean-Jacques Rousseau a pour ambition de sauver ce souvenir, de le rappeler contre « l'oubli », oubli des « simples » qui se laissent tromper par la voix de l'imposteur, oubli de l'imposteur qui n'entend que son intérêt non celui du genre humain. Et il n'y a pas que rhétorique à mimer ainsi par le discours direct et la véhémence du ton, la parole de l'imposteur et de son adversaire ; il s'agit, pour le philosophe, de faire entendre une voix naturelle, véritable mais assourdie par les passions, les usages de la société civile, sa durée. Cette voix, pour se faire entendre, doit atteindre et toucher notre cœur, le seul lieu où soit préservée sa présence, présence toute métaphysique puisque « l'état de nature » n'a peut-être jamais existé et que nous en sommes aujourd'hui radicalement séparés. La voix du philosophe doit se faire entendre aujourd'hui comme l'exact écho d'une voix infiniment éloignée mais qu'il peut rendre sensiblement toute proche. Il n'y a donc pas de pensée qui, plus que celle de Jean-Jacques Rousseau, fonde la nécessité de la littérature et de l'écriture. Le discours qui mime ici les voix de violence, les voix de colère, garde la trace, rien que la trace gravée en nous de la voix de la nature ; mieux, c'est le discours lui-même qui éveille en nous cette voix, la voix d'avant le coup de force de la fondation de la propriété, exactement comme la «supposition» du retour à la vie de Fabricius relève dans sa parole les fantômes de l'ancienne Rome.

Mouvement 2

Mais la scène de l'origine doit être abandonnée ; le moraliste et le philosophe de la nature doivent laisser la place à l'**analyste des sociétés**. Il reste à penser et à écrire non plus la séparation, mais la liaison et ses degrés. Le texte, fidèle à sa fonction d'ouverture, annonce les «événements à décrire», qui prendront, dans la suite du discours, une forme narrative et l'aspect d'un long récit scandé de phase en phase.

Le second mouvement doit donc d'abord effacer la figure de la soudaineté du hasard, qui vient d'être si vivement peinte et la remplacer par la **figure de la nécessité**. Ce travail se fait en deux temps, qui correspondent chacun à une phrase, le premier procède par négation, le second par affirmation. Cette différence n'est pas que rhétorique, elle correspond à une véritable logique, car il faut d'abord corriger l'effet dramatique de l'incipit, avant d'évoquer positivement le nouveau mode de transformation qui conduit à la société civile.

Il faut bien voir que la nécessité qui conduit à la fin de l'état de nature et à l'entrée en état de société n'est pensée qu'en terme de durée : il n'y a aucun principe métaphysique, aucune raison, aucune causalité qui puisse imposer une telle transformation. Il n'y a, comme l'écrit Jean-Jacques Rousseau à la clôture de la première partie, que «la manière dont le laps de temps compense le peu de vraisemblance des événements» et que «la puissance surprenante des causes très légères lorsqu'elles agissent sans relâche». La durée, et la perfectibilité, qui est inscrite dans la nature de l'homme, sont les moteurs de la transformation d'un état en l'autre et de leur liaison.

Aussi le **vocabulaire de la durée** est-il fortement accentué dans ce mouvement, accompagné de la forme négative nécessaire, nous l'avons dit, à la logique de l'argumentation : en venir au point de ne plus pouvoir durer, ne naître que successivement, ne pas se former tout d'un coup, autant d'aspect d'une dynamique, radicalement opposée à celle du coup de force de l'imposteur, mais qui offre à l'idée de propriété autant de possibilités de naître, autant de chances, s'écrirait un partisan de la société civile. La présence des tournures impersonnelles, « il y a grande apparence », des locutions, « au point de », de la conjonction de coordination, « car », sont autant d'éléments qui, avec l'emboîtement des subordonnées et des participes, créent l'effet d'une attente dans le raisonnement et d'une énergie retenue dans le rythme. La tension de la durée remplace la soudaineté du hasard. L'emploi des indéfinis, des pluriels, dans les groupes nominaux tels « les choses », « beaucoup d'idées antérieures », dû à la nécessaire généralité de l'incipit qui ici se borne à annoncer, apporte la notion de quantité, de répétition indispensable à cette forme de mouvement.

En dépit de cette très sensible variation de rythme dans la phrase comme dans la pensée, il y aurait un grave contresens à poser une contradiction dans la pensée de Jean-Jacques Rousseau. Il faut revenir au concept « d'état de nature » ; en lui-même, il ne comporte aucune « idée de propriété », aucune possibilité pour que cette idée se fasse jour en lui. Seules l'extrême violence ou l'extrême lenteur sont également susceptibles de justifier l'apparition de l'idée de propriété sans atteindre à la pureté de la notion. La coupure dans un cas, la longueur de l'éloignement dans l'autre permettent de penser l'intégrité de l'état de nature. Dans cette perspective, l'expression « dépendant de beaucoup d'idées antérieures » qui sert de prédicat à l'idée de propriété est essentielle puisqu'elle garantit qu'une telle idée ne peut dépendre de la notion de « pure nature » et qu'elle pose la nécessité de la notion d'un enchaînement successif.

Car la pensée et l'écriture de la durée ont un avantage sur l'écriture et la pensée de la coupure, celui de ménager la **pensée de la liaison**. Jean-Jacques Rousseau voit dans cet effort de liaison le travail philosophique par excellence :

> « Sur ce que deux faits étant donnés comme réels à lier par une suite de faits intermédiaires, inconnus ou regardés comme tels, c'est à l'histoire, quand on l'a, de donner les faits qui les lient ; c'est à la philosophie, à son défaut, de déterminer les faits semblables qui peuvent les lier. »

C'est cette tâche qu'accomplit le second temps sous la forme, cette fois, d'une phrase entièrement positive. La même généralité dans les sujets de l'action, la même forme impersonnelle et la même marque du pluriel la caractérisent. Chacun de ses progrès sera bientôt nommé et décrit dans la suite du *Discours* : ce sont l'invention des premiers outils, les arcs et les flèches, les pièges ; le regroupement en famille, la perception de premiers rapports, les développements du cœur, l'usage de la parole. Ces progrès sont nombreux et divers mais leur déroulement est d'une extrême lenteur, les causes ne sont ni extérieures ni extraordinaires, ce sont migration, augmentation de la population ; ils peuvent ainsi conduire au « dernier terme de l'état de nature » sans le faire brutalement s'interrompre. Ils caractérisent comme autant de différentes « séquences », âges des familles, âges des cabanes, « véritable jeunesse du monde », le récit que composera la suite du *Discours*.

La notion de « dernier terme » est essentielle à la pensée de Rousseau : elle garantit la radicale absence de la propriété tout en préservant ces progressives transformations. Seules l'invention de la métallurgie et l'apparition de l'agriculture nous feront sortir, par l'instauration de la propriété, de cette condition primitive.

Car il y a, dans le concept d'état de nature, un élément qui permet de penser le progrès, sa durée et la transmission de ses développements à travers le temps : c'est la « **perfectibilité** », qui différencie l'homme de l'animal et que Jean-Jacques Rousseau définit dans la première partie du *Discours* aussitôt qu'il aborde, après l'homme physique, l'homme « par le côté métaphysique et moral ». Il la nomme d'abord « faculté de se perfectionner » et la définit ainsi :

> « Faculté qui, à l'aide des circonstances, développe successivement toutes les autres, et réside parmi nous tant dans l'espèce que dans l'individu, au lieu qu'un animal est au bout de quelques mois ce qu'il sera toute sa vie, et son espèce, au bout de mille ans, ce qu'elle était la première année de ces mille ans. »

Que ce soit sur le mode de la coupure, ou sur le mode de la durée et de la liaison, sur la forme négative ou la forme positive, il n'est rien dans ces développements qui n'ait son fondement dans la notion posée en principe, l'état de nature. Nous sommes en face d'une pensée véritablement philosophique et systématique. Cette extrême rigueur conceptuelle explique les effets de parallélismes et de correspondances qui font la rare beauté du style de Jean-Jacques Rousseau, si envié de Diderot et de Kant. Ici les deux phrases obéissent à la même cadence mineure, et leur chute sont sémantiquement comparables, avec la variation déjà citée, négative, affirmative, et une ampleur croissante :

> « ne se forma pas tout d'un coup dans l'esprit humain »
> « avant que d'arriver à ce dernier terme de l'état de nature »

Mais ce mouvement croissant dans le rythme s'accompagne, paradoxalement, d'un discrédit de la pensée. Les notions de progrès, d'augmentation, de transmission, de lumières enfin, sont toutes enveloppées dans la critique de la notion de propriété et dans celle d'inégalité de la société civile. C'est une beauté du malheur que scande ce rythme ternaire puisqu'il mime la marche nécessaire vers la fin de l'état de nature.

Le philosophe avait prévu ce funeste devenir de l'homme naturellement doué de « perfectibilité » :

> « Il serait triste pour nous d'être forcés de convenir, que cette faculté distinctive, et presque illimitée, est la source de tous les malheurs de l'homme ; que c'est elle qui le tire, à force de temps, de cette condition originaire, dans laquelle il coulerait des jours tranquilles et innocents ; que c'est elle, qui faisant éclore avec les siècles ses lumières et ses erreurs, ses vices et ses vertus, le rend à la longue le tyran de lui-même et de la nature. »

Dans cette analyse des principes, les termes sont les mêmes que dans l'incipit ; l'accentuation est également mise sur les notions de progrès, lumières et durée, et sur le triste succès de tant d'efforts, la sortie hors de « cette condition originaire ».

Mais dans l'incipit de la seconde partie, la connotation péjorative est moins explicite : c'est que l'évocation de cette tyrannie est différée pour être décrite à son heure et en son lieu dans le déroulement du récit qui prend en charge toutes ces transformations. Pour être retenue, la **prévision du malheur** n'en n'est pas moins sensible ; elle s'exprime tout entière dans le seul rythme qui laisse présager ce fatal devenir, le mouvement ternaire, la succession des infinitifs et leur nombre croissant, la position de la subordonnée temporelle dans l'apodose et l'effet de chute de la cadence mineure. Les exigences rhétoriques de l'incipit ne suffisent donc pas à expliquer le silence sur les «crimes, les guerres, les meurtres» annoncés dans le premier temps : c'est qu'ici, il importe au philosophe d'insister sur la durée elle-même comme cause, et comme seule cause, sans considération de tout autre hasard. Il y a suggérée ici, par le rythme de ce lent mais inéluctable devenir, comme toute la puissance de résistance, d'inertie de l'état de nature. L'on reconnaît aussi bien sûr le paradoxe, souligné dans la première analyse, qu'il y a à rendre les lumières responsables du malheur de l'homme. Là est la thèse même du philosophe et le «scandale» de sa pensée. Mais de toutes ces résonances qu'éveille en nous ce merveilleux mouvement lent de l'ouverture, la plus forte nous paraît être le ton de superbe mélancolie qui accompagne la pensée de cet inéluctable devenir : mélancolie parce c'est une perte qui est ici évoquée, et perte non seulement d'un rare moment de bonheur, mais perte d'une origine, c'est-à-dire d'un modèle qui seul peut servir à la connaissance de notre être, à la constitution de notre anthropologie ; et superbe parce que la mélancolie s'accompagne d'une lucidité exemplaire sur les raisons de cette perte ; ou plutôt elle est elle-même lucidité. Déploration sur les lumières, elle est elle-même lumière.

Mouvement 3

Il ne reste plus au philosophe qu'à renouveler l'ordre et la méthode de sa recherche après l'analyse qu'il vient de donner du passage de l'état de nature à la société civile.

Le moteur de ce changement étant la **durée**, c'est donc la durée qui sera «le seul point de vue» capable de lier, entre eux de façon synchronique et dans leurs transformations de façon diachronique, les divers éléments de ce «progrès» d'un état à l'autre. Le rythme demeure donc un rythme lent, pour l'énonciation comme pour son objet. Mais la phrase, comme pour bien marquer la clôture et la certitude du choix, présente pour la première fois dans le texte une cadence équilibrée : le partage est égal entre le groupe de deux verbes coordonnés et celui du complément et de sa modalité.

Le mode de «rassemblement» sera celui d'un récit, à partir d'une origine, l'état de nature, le point par définition le «plus haut» ; l'ordre sera chronologique mais «naturel», c'est-à-dire sans faire intervenir aucun hasard comme le discours de l'imposteur. Le contenu de ce récit sera le développement des lumières, «les connaissances», dans leur rapport avec leurs causes, «les événements».

L'annonce de la méthode est donc une rigoureuse déduction des conclusions de l'analyse. Elle prolonge comme un écho, dans l'esprit du lecteur, la pensée et le rythme de la liaison. Seul le dernier terme, et de la phrase, et de toute cette ouverture, rappelle peut-être la séparation que nous entretenons avec notre état « naturel », celui de notre origine dont le récit qui commence va nous faire voir la progressive disparition.

Conclusion

Ouverture d'un mouvement, et liaison avec le précédent, l'incipit de la «Seconde Partie» du *Discours sur l'origine et les fondements de l'inégalité parmi les hommes* ne se borne pas à ses fonctions d'organisation du discours : elle propose au lecteur une double figure, celle de la rupture et de la séparation radicale, celle de la liaison et d'une nécessaire lenteur.

Son unité est d'ordre conceptuel, dans une fidélité scrupuleuse aux principes énoncés dans la définition de l'état de nature. Sa variété est dans le rythme et l'argumentation qui font succéder à l'écriture et à la pensée de la coupure celles de la durée et de la liaison.

Après l'avoir fortement ému, il dispose ainsi l'esprit du lecteur à concevoir, mieux à sentir, l'étrange relation qui le lie encore à un état disparu.

Texte de mélancolie, sur la perte de notre origine, et texte de raison, par sa lucidité, il nous paraît comme un précieux modèle de littérature argumentative que transmet à notre temps le siècle des Lumières.

EXPLICATION 4

Paul Verlaine
«Charleroi» *(Romances sans paroles)*

Dans l'herbe noire
Les Kobolds vont.
Le vent profond
Pleure, on veut croire.

Quoi donc se sent ?
L'avoine siffle.
Un buisson gifle
l'œil au passant.

Plutôt des bouges
Que des maisons.
Quels horizons
De forges rouges !

On sent donc quoi ?
Des gares tonnent,
Les yeux s'étonnent,
Où Charleroi ?

Parfums sinistres !
Qu'est-ce que c'est ?
Quoi bruissait
Comme des sistres ?

Sites brutaux !
Oh ! votre haleine,
Sueur humaine,
Cris des métaux !

Dans l'herbe noire
Les Kobolds vont.
Le vent profond
Pleure, on veut croire.

Paul Verlaine, «Charleroi», *Paysages belges*
in *Romances sans paroles* (1874), coll. «Poésie»,
Gallimard, p.137-138.

1. Situation

Le recueil *Romances sans paroles* a paru tardivement en 1874, après le drame de Bruxelles, la rupture avec Rimbaud, alors que Verlaine est enfermé à la prison de Mons ; mais les pièces ont toutes été écrites du début de 1872 aux premiers mois de 1873, durant l'aventure commune des deux poètes. *Paysages belges* se compose de six poèmes qui tous ont été écrits au cours de l'errance en Belgique et durant le séjour à Bruxelles, du 17 juillet au 7 septembre 1872. À l'exception du dernier poème, chaque texte a pour titre un nom de lieu qui correspond aux étapes successives des voyageurs, «Walcourt», «Charleroi», «Bruxelles», «Malines». L'itinéraire poétique suit pas à pas l'itinéraire réel. Le 9 juillet à trois heures du matin, Verlaine et Rimbaud atteignent la frontière belge depuis Charleville et de là, à pied, ils se rendent à Bruxelles par Walcourt et Charleroi. C'est à Bruxelles sans doute, où ils demeurèrent six semaines, que les *Paysages belges* ont été écrits.

Mais au-delà de cette référence autobiographique, les titres *Paysages belges* et *Romances sans paroles* ont une **valeur esthétique** ; ils renvoient explicitement à la musique et à la peinture et supposent une volonté de dialogue entre ces arts et la poésie. Par deux fois, Verlaine insiste, dans *Paysages belges*, sur le modèle pictural : par l'exergue, placée immédiatement après le titre, «*Conquestes du Roy*» (Vieilles estampes) et par le sous-titre du premier poème «Bruxelles» («Simples fresques»). *Aquarelles*, titre du dernier mouvement du recueil, poursuit ce dialogue entretenu avec la peinture.

Verlaine a emprunté le titre *Romances sans paroles* à Mendelssohn ; ce nom désigne des airs naïfs sur des sujets plaintifs et tendres, des histoires si simplement contées qu'elles se confondent avec la musique et semblent n'être faites que pour être chantées. L'expression figure dans un poème des *Fêtes galantes*, à l'intérieur d'une strophe cette fois, la première de «À Clymène», pièce vouée tout entière à la correspondance de la femme et de la musique.

Plus que *Paysages belges*, le titre du mouvement précédent, *Ariettes oubliées*, fait écho à *Romances sans paroles* mais «Charleroi», par le retour de la première strophe et la forme légère du refrain prête ainsi à ces brefs croquis de voyage, une grâce musicale.

Le titre est arrêté très tôt, en septembre 1872, mais l'ordre et le choix des textes ne sont fixés qu'au printemps 1873. Dès 1872, Verlaine écrit à Blémont :

> « Je vous envoie quelques vers dont vous ferez ce que vous voudrez et je me tiens à votre disposition pour une série que je nommerai : *De Charleroi à Londres.* »

Mais de ce projet, il ne restera que les *Paysages belges,* les impressions d'Angleterre se retrouvant peut-être dans *Aquarelles.*

Apparaît donc une **triple situation** pour un seul poème : «Charleroi» rappelle la seconde étape d'un itinéraire réel. Il est une de ses «vieilles estampes», un de «ces paysages» que l'on découvre en feuilletant les anciens recueils de gravures ou les cartons des nouveaux peintres. Il résonne comme le refrain qui se chante en chemin ou se retrouve dans les pages des anciens «chansonniers».

2. Projet de lecture

La présence incontestable d'un dialogue avec la «jeune peinture», comme l'écrit Jacques Borel dans les notes de l'édition Poésie/Gallimard, ne nous autorise pas à soutenir que Verlaine suive une esthétique précise et unique, celle des **impressionnistes**. Certes, il a rencontré Manet, connu sa peinture et celle de Monet, il a posé avec Rimbaud pour *Le Coin de table* de Fantin-Latour ; il visitera bientôt avec son compagnon les galeries de Londres et il relève maintes fois, dans sa correspondance ou ses articles, le souci de la modernité en peinture comme en poésie. La présence du terme «impressions» dans une lettre à Lepelletier, ou l'affirmation de sa volonté d'avoir une «poétique de plus en plus moderniste» ne suffit pas pour faire de lui un poète «impressionniste». Ce serait là une réduction de son art, un affadissement de son extrême modernité en effet, que nous refusons de ramener à un travail sur les jeux de la lumière ou l'abandon du modelé (comme a pu l'écrire Antoine Adam), dénaturation somme toute d'un poème comme Charleroi que nous entendons bien faire bruire de tous ses «sistres» et rougeoyer de ses grandes flammes sur fond noir.

À cette intention polémique s'ajoute le souci d'interroger, comme le jeu des titres du recueil nous y contraint, le rapport de l'espace parcouru, l'espace de cette région de Belgique, sa carte, ses «paysages» et la «romance» particulière que compose «Charleroi». Verlaine a affirmé plusieurs fois, dans les essais de critique de ses propres œuvres, l'extrême originalité, longtemps méconnue de ce recueil :

> «Ce ne fut qu'en 1874 que *fusa*, pour ainsi parler, son volume peut-être le plus original, mais qui devait beaucoup plus tard faire son bruit dans le nouveau monde poétique : j'ai nommé les *Romances sans paroles.*»

L'interrogation sur la **géographie particulière** qu'écrit «Charleroi» dans son rapport avec la musique et ses refrains nous paraît plus propre que le modèle impressionniste pour mesurer la puissance de «jaillissement» du recueil, le concert de ses voix.

L'errance belge n'est pas un voyage solitaire. Comment serait-elle rendue par une esthétique solitaire, un art jalousement personnel, et ce quand le compagnon de route, Arthur Rimbaud, est le plus extraordinaire inventeur en poésie, toujours à la recherche d'expériences nouvelles. Il ne s'agit plus seulement de la fameuse «poésie objective» de la «Lettre du voyant» à Georges Izambart datée de mai 1871 ; Rimbaud, selon l'affirmation de Verlaine dans un article de 1895, «s'avisa d'assonance, de rythmes qu'il appelait "néants" et il avait même l'idée d'un recueil : *Études néantes,* qu'il n'écrivit, à ma connaissance, pas». Il est établi aujourd'hui, par l'édition qu'Alain Borer a donnée de l'œuvre de Rimbaud sous le titre *Œuvre-vie,* que les poèmes de 1872 correspondent à ce projet et qu'ils méritent le titre *Études néantes,* plutôt que les dénominations habituelles «vers nouveaux» ou «derniers vers». Comment donc séparer les *Paysages belges* de l'**effort de renouvellement poétique d'Arthur Rimbaud** ? L'inventeur de «La rivière de Cassis», des *Fêtes de la patience* n'était-il pas le maître le plus proche de Verlaine sur la route de Walcourt à Charleroi, plus proche que les peintres des paysages impressionnistes ?

Dans *Les Poètes maudits* de 1884, Verlaine écrit encore, toujours à propos des poèmes de Rimbaud de 1872 :

> «Il travailla [lui] dans le naïf, le très et l'exprès trop simple, n'usant plus que d'assonances, de mots vagues, de phrases enfantines ou populaires. Il accomplit ainsi des prodiges de ténuité, de flou vrai, de charmant presque inappréciable à force d'être grêle et fluet.»

Comment ne pas rapprocher l'analyse critique de l'œuvre de son compagnon de voyage de celle qu'il tint sur lui-même en 1893, dans le texte d'une *Conférence faite à Anvers* :

> « Le malheur survint dans le mélange du poète qui, brusquement, quitta tout et vagabonda... quelques consolations, compensations plutôt l'inspirèrent dans son troisième recueil : *Romances sans paroles,* ainsi dénommées pour mieux exprimer le vrai vague et le manque de sens précis projetés. »

Cet écho d'un texte belge à un autre — la voix critique et la voix poétique se répondant par-dessus les années, par la grâce du génie d'un lieu — nous paraît le plus propre à nous guider dans l'étude de ce « prodige de ténuité » qu'est « Charleroi », où l'alliance inouïe du « vrai » et du « vague » propose un défi à la faculté « d'appréciation » du lecteur.

3. Mouvement

Il paraît d'abord difficile de lire un découpage dans la succession des sept strophes isométriques, quatrains à rimes embrassées, parfaitement closes sur elles-mêmes, sans aucun retour de la rime, aucun enjambement d'une strophe à l'autre : cette structure a accrédité la lecture d'un poème impressionniste, fait d'une succession de notations sans véritable lien entre elles.

Un mouvement pourtant se dessine à l'intérieur des deux strophes d'ouverture et de clôture qui, par leur exacte répétition, forment **refrain** : dans le mouvement impair recréé des cinq strophes intérieures, la strophe 4 rappelle la strophe 2, par le déplacement du pronom interrogatif qui, de la position initiale, se retrouve à la rime, « Quoi donc se sent ? »/« On sent donc quoi ?» ; mais la même strophe 4 rappelle aussi la strophe 1, et donc la strophe 7, par le retour de la semi-consonne, [w] oi, avec une légère variation, qui rend la correspondance plus sensible, puisque, de la rime féminine, « noire »/« croire », on passe à la rime masculine, « quoi »/« Charleroi ». Le lecteur, l'auditeur de cette musique subtile, perçoit bien que quelque chose recommence : c'est un second mouvement dans cette approche de Charleroi, dans cette **chanson pour accompagner une marche** ; mouvement qui s'accroît en quantité, trois strophes au lieu de deux, et qui s'accompagne d'un accroissement des modalités interrogatives et exclamatives : une interrogation et une exclamation par strophe au plus dans le premier temps, jusqu'à deux interrogations et trois exclamations dans la dernière strophe du second temps. La variation croissante est d'autant plus perceptible que la strophe 3 comme la strophe 6 — celles où chacun des mouvements aboutit, qui marquent donc chacune une acmé et une pause — sont également composées de phrases nominales : «Plutôt des bouges/Que des maisons» et «Sites brutaux !». Si nous reprenons la réflexion de Jacques Popin dans son *Précis de grammaire fonctionnelle du français,* nous pouvons dire que chaque moment interne du texte conduit à des formes prégrammaticales, incomplètes mais très chargées affectivement. N'est-ce pas là le sens de *Romances sans paroles* ? Et pour contenir ces mouvements archaïques, ces «cris» (le vocabulaire du poète et du grammairien se rejoignant ici), Verlaine prend soin de les enserrer dans les **limites sévères de la forme assertive et répétée du refrain**.

4. ÉTUDE LINÉAIRE

Le titre

Le nom propre géographique permet donc de désigner la seconde étape d'une errance «vraie» et confère au poème une dimension autobiographique qu'il partage avec tout le recueil. Par contrat, le lecteur est en droit de s'interroger sur le **rapport du paysage poétique et du bourg réel** ; ressemblance ou différence, fidélité où trahison, peu lui importe, mais *Paysages belges* devient un journal de voyage, comme *Les Regrets* de Du Bellay, comme les *Stèles* de Segalen.

Charleroi, située sur le bassin minier, est depuis longtemps une ville industrielle. Ses diverses activités font d'elle un centre économique important. En 1896, Verlaine, de nouveau dans cette ville à l'occasion de conférences, se souvient de son séjour de 1872 et plus encore de son poème qu'il cite à son auditoire, encore qu'incomplètement. Sa sévérité pour le paysage, qualifié de «triste» et de «peu intéressant» contraste avec la vivacité intacte et pure des strophes de la romance qui font rougeoyer l'horizon et crier les métaux.

Le nom Charleroi porte aussi en lui l'histoire de la ville et la marque de son origine : Charleroi, ville du roi Charles puis conquête de Louis XIV. Verlaine n'ignore pas cette origine et même la mentionne à la suite du titre *Paysages belges* : «*Conquestes du Roy*» (Vieilles estampes). Par là le poème quitte la référence géographique et, au-delà de l'histoire, se rattache au recueil et à la succession des poèmes de page en page que l'on découvre comme les feuillets d'un livre d'estampes. L'extrême gracilité de l'écriture, due à la brièveté du mètre de quatre syllabes, qui rehausse le blanc de la page, fait apparaître le poème comme dessiné sur la page, tel une carte, un plan, «une vieille estampe». La précision du dessin, la netteté des contours de la gravure, le noir et le blanc s'opposent à une lecture «impressionniste» du texte, devenue un cliché des études verlainiennes ; la modernité de Charleroi est à chercher ailleurs. Demeure, de cette explicite comparaison avec l'estampe, la volonté du poète d'écrire un texte pour un lieu, une chanson pour une géographie, un poème pour accompagner l'errance.

Le refrain

Le poème est aussi une **chanson**, une chanson pour scander un déplacement et marquer une étape, Charleroi. La parfaite similitude de la première et de la septième et dernière strophe permet de parler de refrain donc de musique. L'air ainsi créé révèle une composition subtile et comme double puisqu'il accentue à la fois l'ordre pair et l'ordre impair, jouant du nombre deux et du nombre sept. Ce rythme est renforcé par la présence du nom propre Kobolds qui appelle et le titre, et le seul autre nom propre, Charleroi, à la quatrième strophe et à l'ouverture du second mouvement : quatre alors rappelle un et annonce sept et la chanson aux accords décalés se poursuit.

Le refrain sert aussi de cadre et, nous l'avons dit, la modalité assertive des deux phrases qui le composent, modalité qui fait l'unité et l'originalité de ces deux strophes, lui prête une fonction de maîtrise et de retenue : le refrain sert de limites à la chanson intérieure qu'il contient, rythmée par les intonations interrogatives, exclamatives, et composée de phrases nominales, prégrammaticales et si chargées affectivement. Le quatrain est composé de deux phrases simples qui enjambent chacune d'un vers sur l'autre et font ressortir la composition symétrique de la strophe, très nette et facile à retenir, comme il se doit d'un refrain. Mais des jeux de parallélisme et d'inversion entretiennent dans la forme carrée des mouvements ténus mais sensibles. Ainsi le sujet grammatical de la première phrase se place dans le second vers après le complément tandis que celui de la seconde ouvre la phrase et le vers. Les rimes embrassées, masculines, au cœur de la strophe, résonnent avec une légère variation : la première sonorité sur la pause du verbe qui clôt phrase et vers, la seconde sur la poursuite d'un mouvement d'enjambement. Les reprises des consonnes de «vont» à «vent» et de «profond» à «pleure» se chargent de lier subtilement ce que l'espace du vers et l'ordre de la phrase délient. Un adjectif, «noire», accompagne, à la rime, féminine, le complément ; un autre, «profond», accompagne à la rime, masculine, le sujet. Au pluriel «Les Kobolds vont» succède le singulier «le vent profond», mais la rime les maintient embrassés.

Ces jeux subtils ne sont pas que sonores ; ils entretiennent avec le sens des correspondances subtiles puisqu'aussi bien la romance n'est pas tout à fait sans parole et que ce «vague» est aussi «vrai». Ainsi le refrain se rattache étroitement au titre par le rappel «Charleroi»/«noire» et le déplacement de la consonne : une autre évocation du paysage commence, qui n'est ni celui des cartes ni celui de l'histoire des rois, peut-être celui de la gravure, plus sûrement encore celui des anciennes légendes germaniques où les esprits souterrains, les Kobolds, dit-on, se font les gardiens des métaux précieux que la terre enferme. Les deux épithètes, «noire» et «profond» se correspondent alors, comme marquant la surface, herbe et vent, qui communique avec un **monde souterrain** où quelque être désolé travaille et se plaint, «Pleure, on veut croire» ; la romance dit naïvement cette croyance, elle la chante avec les variations et les reprises qui nous la font retenir comme une comptine.

Il est possible alors de citer les pages que le philosophe Gilles Deleuze écrit dans *Mille plateaux* (avec F. Guattari) sur la **ritournelle** :

> «Un enfant dans le noir, saisi par la peur, se rassure en chantonnant ; il marche, s'arrête au gré de sa chanson. Perdu, il s'abrite comme il peut, ou s'oriente tant bien que mal avec sa petite chanson. Celle-ci est comme l'esquisse d'un centre stable et calme, stabilisant et calmant, au sein du chaos. Il se peut que l'enfant saute en même temps qu'il chante,

il accélère ou ralentit son allure ; mais c'est déjà la chanson qui est elle-même un saut : elle saute du chaos à un début d'ordre dans le chaos, elle risque aussi de se disloquer à chaque instant. Il y a toujours une sonorité dans le fil d'Ariane. Ou bien le chant d'Orphée. »

Outre que les termes du philosophe rejoignent souvent ceux du poète — ainsi « les petits asiles » de « Walcourt » et la tonalité enfantine de *Bruxelles, Chevaux de bois*, tonalité partagée par les textes de Rimbaud —, il nous semble que l'enfant de la parabole philosophique ressemble aux deux poètes, errant de nuit de Walcourt à Charleroi, et que le poème ici est comme une ritournelle de voyage, une chanson pour conjurer l'abîme et se rendre favorable les génies familiers de ces régions. *Paysages belges* est bien le recueil de chansons de buveurs, chansons de « servantes », chansons de « soldats », chanson « d'amants », chanson de « bons juifs-errants ».

Mais le refrain n'est pas toute la chanson et la ritournelle de Charleroi peut-être, nous l'avons pressenti, ne sera pas que chanson de Kobolds ou Gobelins ; le refrain lui-même déjà change : le dernier vers, celui sur quoi s'achèvera le poème et qui résonnera dans la mémoire, sur quatre syllabes, en compte trois supportées par des verbes ; un sujet indéfini, « on », apparaît après les êtres naturels ou surnaturels, définis, le vent et les Kobolds ; enfin la phrase simple qui commence au vers précédent « Le vent profond/Pleure, » semble ne pas s'achever : le rejet du verbe, la virgule, l'élision, l'absence de coordonnant, la proposition indépendante juxtaposée font se prolonger longtemps la sonorité accentuée du verbe en rejet « Pleure ».

Le tableau de l'accentuation de la strophe peut être ainsi établi :

Dans l'HERbe NOIre
Les KoBOLDS VONT.
Le VENT proFOND
PLEU/re, on VEUT CROIre.

Apparaît clairement l'accentuation particulière du dernier vers qui, en dépit de sa brièveté, peut s'accommoder d'une coupe après l'accent sur la première syllabe et avant un *e* final élidé, s'enrichissant ainsi d'un effet de durée très remarquable. L'intonation grammaticale du dernier segment de la phrase est très libre : plane si l'on ne veut voir en lui qu'une incise, ou doublement accentuée, avec des effets de hauteur cette fois si, comme nous le croyons, « l'allure » du chant s'accélère et se poursuit en saccade. La chanson ne contient plus si bien la peur du noir et du profond. L'ordre que le refrain propose au passant se trouve défait. Le « vrai vague » de la ritournelle de Charleroi peut commencer.

Premier mouvement : strophes 2 et 3

La liaison avec le refrain se fait à nouveau à partir de la même sonorité [wa] qui toujours rappelle le nom titre « Charleroi » ; elle n'est plus à la rime, ni en fin de mot mais à l'ouverture du vers et fortement accentuée puisque, sous les espèces du pronom interrogatif « Quoi », le mouvement s'ouvre sur la première phrase interrogative du texte. La variation essentielle est dans la position du sujet ; le pronom interrogatif, désignant une chose, est employé ici, dans l'interrogation directe, comme le sujet du verbe *sentir* qui l'admet d'ordinaire comme complément, ainsi le premier vers de la strophe 4 : « On sent donc quoi ? » Le verbe passe nécessairement à la forme pronominale, et l'inconnu, ce neutre sur lequel porte la question, devient le sujet grammatical. À cette structure s'ajoute l'effet de cacophonie par répétition de la consonne [q] et de la consonne [s], la présence des seuls monosyllabes et la faiblesse sémantique des termes à l'exception du verbe. De plus l'intonation, dans ce type d'interrogation partielle, est nécessairement descendante ; la preuve en est la variation que la langue courante instaure pour passer à l'intonation ascendante par déplacement du pronom sujet et qui figure à l'ouverture de la strophe 4 : « On sent donc quoi ? »

Le poète voudrait-il donner une petite leçon de grammaire ? On a pu parler, à propos de tels vers presque expérimentaux, du **manifeste de « poésie objective »** de Rimbaud, ou encore du « système » que Verlaine évoque dans sa correspondance, sans jamais l'expliciter, de *Romances sans paroles,* puisque les sujets ne sont plus que des choses et que les hommes et leurs sentiments semblent disparaître. Cependant, dans ce type de formulation, comme l'enseigne encore le grammairien, le sujet de l'**énonciation**, lui, se laisse fortement sentir, et il serait abusif devant de si fortes variations de la modalité de la phrase, et de ses intonations, de nier la présence du sujet parlant. Celui qui parle ici, plutôt celui qui chante, de cette voix qui cherche le «vrai» du «vague», entonne la chanson brève de la sensation. Se souvient-elle, cette ritournelle, des superbes et majestueux quatrains que Rimbaud, à seize ans, en 1870, n'hésita pas à adresser au maître, à Banville, et qui ne trouva que plus tard son titre «Sensation» ?

> «Par les beaux soirs d'été, j'irai dans les sentiers,
> Picoté par les blés, fouler l'herbe menue :
> Rêveur, j'en sentirai la fraîcheur à mes pieds :
> Je laisserai le vent baigner ma tête nue...
>
> Je ne parlerai pas, je ne penserai rien...
> Mais un amour immense entrera dans mon âme :
> Et j'irai loin, bien loin, comme un bohémien,
> Par la Nature, heureux comme avec une femme !»

Arthur Rimbaud, Œuvre-Vie,
Alain Borer éd., (éd. du centenaire), Arléa, 1991.

Se laissent deviner déjà «les prodiges de ténuité» qu'admire Verlaine, et qu'il pratique ici lui-même : réduisant le mètre, précisant «l'avoine» dans «l'herbe menue», et isolant avec violence ce qui n'était que picotement indistinct «par les blés», «Un buisson gifle/L'œil au passant.»

Dans sa modestie, une grande **ode à la sensation** se compose ici, successivement l'ouïe, le toucher, la vue, l'ouïe encore, la vue de nouveau, l'odorat, l'ouïe, l'odorat, l'ouïe enfin. La valeur d'ouverture programmatrice du premier vers nous contraint ici à dépasser les limites du seul premier mouvement.

L'essentiel du poème de la sensation est l'aigu, l'acuité, la précision : c'est la notion de vague mal comprise, et qui lit comme une fadeur la poésie de Verlaine, que nous voudrions ici refuser. La qualité de la sensation est obtenue, non seulement par la brièveté du mètre, le singulier ici, l'unicité, «un», mais surtout par la précision des différences. Qui veut entendre ce texte doit savoir distinguer, dans la rime qui tend à les confondre, la consonne [s] de la consonne [g], seuls un point d'articulation et le passage de la sourde à la sonore distinguent «siffle»/«gifle». Dans un ordre plus grammatical, il faut entendre les variations du défini à l'indéfini, au défini encore et enfin à sa forme contractée : «l'avoine, un buisson, l'œil, au passant».

Assurément, Verlaine ici se souvient d'une des chansons des *Fêtes de la faim* que Rimbaud inventa au temps même de leur commune errance, l'une peut-être de ces *Études néantes* :

Entends comme brame
près des acacias
en avril la rame
viride du pois !

Cette incitation à entendre, à sentir, avec de l'émerveillement chez Rimbaud et presque de l'effroi chez Verlaine, relève de la même poétique de la précision, de la sensation, comme douloureuse à force d'être aiguë.

La variation que le poème entretient avec le refrain apparaît alors clairement : rien ici de souterrain, aucune écoute de la profondeur, aucune ritournelle pour guider ses pas sur l'abîme. Le «passant» est bien là qui marche vers Charleroi mais sa parole n'en appelle qu'à la surface de la terre, à une relation précise, vive, presque épidermique avec le paysage. La rime riche qui encadre la strophe «sent»/«passant» et la fonction d'attribution, qui n'apparaissait pas dans le refrain, montrent que le nouvel actant, le passant, a pour fonction de sentir, de recevoir toute la surface de la terre de tout son corps, de tous ses sens.

La différence avec le refrain est encore plus accusée, lorsque intervient un paysage urbain après le paysage naturel : aux demeures souterraines succède l'habitat des villes, aux forges magiques des Kobolds, sorte de Vulcains, les **forges du travail industriel,** le **travail moderne**, né avec le XIXᵉ siècle, qui abaisse l'homme et l'exile en des «bouges». Les deux phrases qui composent le quatrain semblent, par l'enjambement d'un vers à l'autre et par la même rime embrassée reprendre le refrain. Mais les modalités de la phrase sont très différentes : interviennent pour la première fois dans le poème l'intonation descendante de la phrase exclamative, et ces formes prégrammaticales, selon l'analyse de Jacques Popin déjà citée, ces «dirèmes segmentés» qui font l'économie du verbe. «La forte charge affective» renvoie au sujet de l'énonciation, au passant, et non plus au vent qui pleure ; cette émotion se comprend lorsque l'on connaît les sympathies des deux voyageurs, Verlaine et Rimbaud, pour les communards en exil, et que d'ailleurs Verlaine rencontrera bientôt. Les «horizons» s'opposent au «vent profond» comme la surface de la terre réelle aux abîmes légendaires, et les «forges rouges» à «l'herbe noire» comme le travail des hommes à l'errance des fantômes.

Second mouvement : strophes 4, 5, 6

Pour parcourir ce monde moderne, encore faut-il s'aider d'une ritournelle nouvelle, d'un poème pour reconnaître le monde qu'on arpente. De là tant de questions qui se pressent et qui à leur tour font refrain à l'ouverture du second mouvement : revient l'interrogation, revient le nom titre, revient le son. Mais l'allure se fait plus vive. Le déplacement en fin de vers du pronom interrogatif rétablit une intonation montante ; l'omission du verbe intensifie l'émotion de qui recherche Charleroi ; la rime très riche, à trois phonèmes, «tonnent»/«s'étonnent» semble rappeler la rime également riche du refrain «noire»/«croire» ; mais le modèle mélodique de la phrase centrale, à une seule unité sur deux vers, sans coordonnant, est unique : il semble que le poème reprenne la rapidité de déplacement de ces nouveaux lieux de fureur et de vitesse — gares, forges, bouges — et compose de leurs vertus «sinistres» le refrain qui succède à l'air ancien scandant encore la marche des Kobolds «Dans l'herbe noire».

Le sens de la vue et les sensations colorées sont alors abandonnés au profit des **sons** et surtout des **parfums** plus immédiatement charnels ; mais comme nous sommes loin de «l'arôme insigne», de la «candeur de ton odeur» qui dans «À Clymène» et les *Fêtes galantes* composent la «mystique barcarolle» des «correspondances» ! Il n'est ici de correspondance pour les parfums qu'avec la mort, ou la tristesse funèbre. Toutes les intonations sont descendantes, les formes exclamatives se réduisent à des monorèmes ; les formes sont pour les unes prégrammaticales comme l'exclamation, d'autres prises à la langue parlée ou incorrecte, ainsi l'inanimé «quoi» employé seul comme sujet. Mais ces incorrections ou cet inachèvement grammatical se justifient : ce «vague» est «vrai» ; il s'agit d'interroger un inconnu. Le pronom interrogatif, dans tout le poème, a des emplois de nominaux : selon l'expression de Jacques Popin, «un référent réel se trouve directement convoqué» ; le pronom interroge ici un non-animé indéterminé. De la même manière, le parfum et le bruit sont des indices ; ils en appellent à un inconnu, certes, mais vrai, réel, qui fait naître la parole et la musique dans l'émotion, comme en-deçà des formes codées. L'inconnu ici a nom Charleroi ; mais il ne s'enfouit pas en profondeur, il ne se pare pas d'êtres merveilleux, il ne se masque pas du sentiment : il provoque par les sons, par les odeurs, violentes, gênantes, l'interrogation, l'exclamation sur lui-même.

L'interrogation prend ici une forme sonore précise : celle qui succède au tonnerre, au sifflement, la percussion des sistres ; celle aussi de la consonne [s], accompagnée d'une grande diversité vocalique. Ce n'est donc pas un chant de l'indécision et du vague, mais un **chant de violence et de crise** que joue le poème ici pour approcher, avec justesse, de Charleroi. Le sistre égyptien en fait entendre l'aigu et l'éclat. Peut-être signifie-t-il que Charleroi, le lieu, le paysage, les hommes sont encore pour nous, pour lui, le passant-chanteur, un exotisme ; et qu'il faut au voyageur, cette chanson entièrement nouvelle et moderne pour l'aborder.

Charleroi est atteint et la parole alors se réduit à des cris : le son [s], deux fois présent en tête de vers, «Sites», «Sueurs», maintient la liaison avec la strophe interrogative ; mais il n'y a plus qu'exclamations, plus que monorèmes, interjections, plus de verbes, plus d'articles à l'exception de la forme contractée, comme si la proximité avec le lieu interdisait dans l'émotion le discours grammatical et organisé. Cependant la strophe obéit à un ordre, celui du **dévoilement** : les parfums se révèlent «haleine» et «sueur» ; les sons, «cris» et «haleine», qu'il faut entendre comme souffle, comme respiration. Un monde double se compose, qui n'est plus le magique et le naturel, le souterrain et le visible, mais celui de la machine et de la matière, des hommes et de leur corps. Entre ces mondes, des échanges violents et bouleversants s'instaurent qui s'expriment ici par la figure «Cris des métaux», par la difficulté de choisir qui représente l'unique pronom de la seconde personne, les hommes ou les «Sites brutaux» ; car les lieux eux-mêmes hésitent entre le matériel et l'animal. Le trouble de la parole vient des limites perdues, troublées, effacées. Le refrain qui rend à chacun son lieu les maintient.

Conclusion

Quand Verlaine, de sa prison de Mons, fait éditer par les soins de Lepelletier les *Romances sans paroles,* nul n'entend sa voix : la plaquette ne sera pas même mise en vente. C'est vraiment romance sans paroles, chant étouffé, musique perdue.

Pour l'entendre aujourd'hui, il convient d'abandonner d'abord quelques clichés — que lui-même peut-être a contribué à créer —, la fadeur, le vague, l'absence de sens précis. Il faut aussi écarter le modèle trop prégnant de la peinture impressionniste ; car il n'y a rien d'autre, pour dire l'errance vraie dans un paysage belge que les « prodiges de ténuité » que Verlaine relève dans l'art de Rimbaud.

Entendre cette extrême ténuité, c'est accepter que le poème soit romance, simple chanson pour accompagner la marche vers Charleroi. C'est reconnaître qu'il s'écrit dans l'émotion de la découverte, dans le compagnonnage de l'amant poète, avec l'haleine et l'allure de l'errance.

Mais entendre « Charleroi », c'est percevoir une autre ténuité : la différence aiguë, délicate, inouïe, que la parole entretient entre les sons, les accents, le sens et, plus que tout, les inflexions des mélodies et des modalités de la phrase.

La différence la plus active, qui fonde la modernité de « Charleroi », n'est ni picturale ni musicale ; elle est de l'ordre logique et verbal : elle se manifeste comme une tension interne au poème entre le refrain cadre et les deux couplets intérieurs qui se succèdent vivement. Au refrain des Kobolds il appartient de rappeler un passé magiquement ordonné ; à la chanson de Charleroi de guider les pas dans un monde tout de surface, cruel, fait de feu, de vitesse et de fureur où le travailleur n'a que ses poètes pour entendre sa respiration haletante et l'aider à la mieux placer dans l'espace.

EXPLICATION 5

Molière
Les Fourberies de Scapin, acte II, scène V

[Scapin, valet d'Octave, pour soutenir les amours de son jeune maître qui a contracté mariage en l'absence de son père Argante, doit arracher quelque argent au vieillard, précisément deux cents pistoles. Il invente donc une ruse, contant qu'un frère, imaginaire, de la nouvelle épousée accepterait de casser le mariage, moyennant finance. Il achève ainsi le récit de sa « conférence » et annonce au père le « résultat » de ses tractations.]

SCAPIN. — ... « Nous voilà au temps, m'a-t-il dit, que je dois partir pour l'armée. Je suis après à m'équiper, et le besoin que j'ai de quelques argent me fait consentir, malgré moi, à ce qu'on me propose. Il me faut un cheval de service, et je n'en saurais avoir un qui soit tant soit peu raisonnable à moins de soixante pistoles. »

ARGANTE. — Hé bien ! pour soixante pistoles, je les donne.

SCAPIN. — « Il faudra le harnais et les pistolets ; et cela ira bien à vingt pistoles encore. »

ARGANTE. — Vingt pistoles, et soixante, ce serait quatre-vingts.

SCAPIN. — Justement.

ARGANTE. — C'est beaucoup ; mais soit, je consens à cela.

SCAPIN. — « Il me faut aussi un cheval pour monter mon valet, qui coûtera bien trente pistoles. »

ARGANTE. — Comment, diantre ! Qu'il se promène ! Il n'aura rien du tout.

SCAPIN. — Monsieur.

ARGANTE. — Non, c'est un impertinent.

SCAPIN. — Voulez-vous que son valet aille à pied ?

ARGANTE. — Qu'il aille comme il lui plaira, et le maître aussi.
SCAPIN. — Mon Dieu ! Monsieur, ne vous arrêtez point à peu de choses. N'allez point plaider, je vous prie, et donnez tout pour vous sauver des mains de la justice.
ARGANTE. — Hé bien ! soit, je me résous à donner encore ces trente pistoles.
SCAPIN. — « Il me faut encore, a-t-il dit, un mulet pour porter... »
ARGANTE. — Oh ! qu'il aille au diable avec son mulet ! C'en est trop, et nous irons devant les juges.
SCAPIN. — De grâce, monsieur...
ARGANTE. — Non, je n'en ferai rien.
SCAPIN. — Monsieur, un petit mulet.
ARGANTE. — Je ne lui donnerai pas seulement un âne !
SCAPIN. — Considérez...
ARGANTE. — Non ! J'aime mieux plaider.

Molière, *Les Fourberies de Scapin,* acte II, scène v,
in *Théâtre complet,* Garnier- Flammarion, p. 244-245.

1. SITUATION

Le 24 mai 1671, *Les Fourberies de Scapin* sont jouées pour la première fois au théâtre de la salle du Palais-Royal. La circonstance est essentielle car Molière venait d'entreprendre la réfection complète de son théâtre pour jouer *Psyché,* représentée en janvier 1671 au théâtre des Tuileries, dans un cadre capable d'offrir aux spectateurs de la Ville un spectacle complet, musique, chants, ballet, décoration, qui pût rivaliser avec celui donné devant le roi. La salle des Tuileries, construite par Le Vau, aménagée par le machiniste italien Vigarani, correspondait par sa grandeur, sa somptuosité et la perfection de ses machines au goût de la cour pour la comédie-ballet et pour des spectacles qui tendaient à l'opéra. C'est le roi lui-même qui avait commandé à ses poètes dramatiques un ouvrage susceptible, dit-on, d'utiliser d'un décor fait pour cette salle. Le théâtre du Palais-Royal, entièrement restauré à grands frais, que Molière partageait avec les comédiens italiens qui y jouaient en alternance, valut un grand succès à *Psyché* ; mais l'aménagement de la salle s'était achevé dès le 15 avril et la tragi-comédie-ballet ne fut reprise que le 24 juillet 1671. *Les*

Fourberies de Scapin auraient donc été écrites et jouées dans l'attente de la représentation du « grand spectacle », œuvre de raccroc en quelque sorte, ce qui expliquerait la brièveté de ses trois actes et l'accueil mêlé qu'elle reçut. Il n'y eut que dix-huit représentations avec des recettes de plus en plus faibles ; et l'on connaît les réserves de Boileau, exprimées dans *L'Art poétique* dès 1674, un an après la mort de Molière.

> « Si moins ami du peuple en ses doctes peintures,
> Il n'eût point fait souvent grimacer ses figures,
> Quitté pour le bouffon, l'agréable et le fin,
> Et sans honte à Térence allié Tabarin.
> Dans ce sac ridicule où Scapin s'enveloppe,
> Je ne reconnais plus l'auteur du *Misanthrope*. »

Il reste que *Les Fourberies de Scapin*, pièce aussi peu à machine qui soit, ont d'abord été jouées dans un lieu théâtral à la fois neuf, nouveau, moderne, technique, fait pour la grandeur et l'apparat. Peut-être n'était-ce pas là seulement un hasard, ou une précaution financière du directeur de la troupe. Le roi vit la pièce, certes après la mort de Molière, et le succès éclatant dans le siècle n'a pas cessé jusqu'à nos jours.

Le **personnage de Scapin** a sans doute contribué à sa gloire. Scapin est un personnage de la comédie italienne, un Zanni ; Molière a utilisé une première fois ce personnage dans *L'Étourdi*, pièce inspirée de la comédie de Beltrame, *Le Mal Avisé ou Scapin déconcerté et Mezzetin tourmenté*. Il en fait son Mascarille ; ici Scapin garde son nom et la pièce de Molière le rendra fameux. La comédie de Beltrame était une comédie littéraire, *commedia sostenuta*, genre qui voisine dans le répertoire italien avec la *commedia dell'arte*, comédie à improvisation ; le Scapin de Molière nous apparaît, bien plus que Mascarille, comme l'héritier de cette tradition de la comédie « soutenue ». La fiction se situe à Naples, comme dans la comédie de Beltrame, et les noms de plusieurs personnages sont italiens, Zerbinette, Nérine, Carle, Hyacinthe. Le rôle de Zerbinette et la troupe des Égyptiens sont empruntés à la *commedia dell'arte*. Tout un monde brillant et de fantaisie, des rôles prêts pour faire naître le rire, des situations familières dont on connaît l'heureuse issue, se retrouvent sur la nouvelle et magnifique scène.

Ce monde avait aussi, comme celui du ballet merveilleux qui allait prendre sa place sur le théâtre, sa couleur, ses costumes, ses propres mouvements qui méritent de lui être comparés. L'on s'interroge pour savoir si Scapin portait le masque qui traditionnellement est dans son personnage. Les gravures à notre disposition ne permettent pas de le décider ; celles reproduites dans l'album de la Pléiade, *Théâtre classique,* hélas non datées, représentent un Scapin non masqué. Georges Couton, dans sa préface aux œuvres complètes de Molière, suggère le port du masque sans être totalement affirmatif ; il cite un fragment du *Mercure galant* de 1736 qui pourrait le laisser croire : «C'est la seule pièce restée au théâtre où le port du masque se soit conservé.» L'on ne peut donc décider si Molière, qui créa le rôle, s'avança masqué.

Car à la comédie italienne s'ajoutent les jeux de la **farce française** ; Boileau, on l'a vu, reproche à Molière de s'en être trop inspiré. Son modèle est une farce déjà ancienne que Tabarin lui-même fit connaître dans le recueil qu'il publia en 1622, sous le titre *Inventaire universel des œuvres de Tabarin, contenant ses fantaisies, dialogues, gaillardises, rencontres, farces et conceptions,* et en 1624 sous celui de *Farces tabariniques non encore vues ni imprimées.* Le jeu du sac appartient à la première farce de ce second tome que l'édition récente des *Farces du Grand Siècle* nous permet d'apprécier. Il est remarquable de voir combien Tabarin, le farceur du Pont-Neuf et de la place Dauphine, se sentait déjà «auteur» et surtout combien les hiérarchies entre les genres dramatiques étaient moins marquées qu'un jugement comme celui de Boileau et la tradition scolaire veulent le faire croire. Molière, et Scapin, son personnage et son masque, créent une tout autre figure du théâtre, où la farce peut trouver grâce et grandeur, où les tons se mêlent et s'échangent.

Quand Scapin protéiforme, Scapin remodelé par Molière dramaturge et Molière acteur, élevé par le directeur de la Troupe royale sur un si beau théâtre, se porte vers Argante dont il entend la voix, il n'a encore fourbi qu'un léger mensonge : Octave n'aurait contracté mariage que sous la contrainte. Mais pour arracher deux cents pistoles, il en faut bien davantage !

2. PROJET DE LECTURE

Le jeu de Scapin va rendre sensible le rapport étroit que le somptueux **théâtre des machines** entretient avec la comédie : la seule machine ici, qui laisse tous les autres «ressorts» en panne et comme à l'abandon, inutiles, superflus, c'est le génie de Scapin et celui de la farce. «La machine est trouvée», fanfaronne-t-il devant Sylvestre. Il faut entendre ici «machine» comme ruse ; c'est la **pure machinerie textuelle, dramatique, gestuelle** qu'il faut admirer, démontant ses rouages sans en détruire le rythme.

3. MOUVEMENT

La brièveté extrême du passage choisi semble interdire tout découpage ; et bien plus encore l'unité de la ruse de Scapin qui ne souffre aucune interruption, au risque d'échouer. Mais le valet «fourbe» n'est pas seul à tenir la scène ; Argante, lui, varie ses réactions et ose interrompre la machine, dont il est d'ailleurs, sans le savoir, l'essentiel rouage. Son acquiescement ou ses refus composent la scène ; ils accentuent des rythmes que Scapin alors doit suivre ; ainsi se disposent des mouvements sur le plateau, des intonations, des voix dans l'espace qui valent pour un ballet et pour une prosodie.

Le rythme est donc à **quatre temps**, un premier assez long où Argante et Scapin semblent marcher de conserve, suivi d'un temps de résistance d'Argante qui grippe la machine que Scapin assez vite relance pour qu'elle se grippe aussitôt, conduisant à la nécessité pour Scapin de changer de tactique, et donc marquant d'une borne bien ferme la fin d'une phase du jeu.

4. ÉTUDE LINÉAIRE

Mouvement 1

Avant que la scène ne commence, Molière, par l'intermédiaire de son personnage Scapin, a d'abord disposé le spectateur à une certaine écoute, à un certain regard. Le valet officieux a fait préciser la somme nécessaire à ses jeune maîtres : le spectateur connaît donc le but à atteindre ; il peut mesurer précisément le degré de la réussite ou la distance qui sépare du but. Mais, plus que tout, Scapin a rassuré les jeunes amoureux et donc le spectateur : «la machine est déjà toute trouvée». L'un comme l'autre n'ont plus qu'à admirer, sans inquiétude. L'on peut donc dire que le spectateur est dans une situation telle qu'il éprouve, selon l'expression de

Bertolt Brecht dans *Sur une dramaturgie non aristotélicienne,* «un intérêt passionné pour le déroulement» et non pour le «dénouement». La **sérénité** de cette position se traduit pour le spectateur en un bénéfice intellectuel : au lieu de «participer» comme à l'intérieur de l'action représentée, «le spectateur est placé devant, il étudie». Nous n'avons pas l'intention de réduire la dramaturgie de Molière à une dramaturgie «épique», brechtienne par avance, mais de nous interroger à l'aide de ces quelques remarques sur le rôle très particulier de Scapin dans la dramaturgie et dans son rapport avec les genres et les goûts.

Si la «machine» de Scapin se joue en lieu et place du grand théâtre à machine, c'est peut-être pour opposer à la comédie-ballet une tout autre forme du théâtre qui suppose un tout autre rapport avec l'**ordre politique et le pouvoir**. Le spectateur de la comédie-ballet, comme celle de *Psyché* par exemple, assiste, fasciné, à des merveilles dont on lui cache, dans la mesure du possible les «ressorts» ; il doit être «enchanté», comme le titre des fêtes de Versailles l'indique bien ; et de cet enchantement profite le pouvoir, le roi lui-même qui d'ailleurs peut participer au spectacle, puisqu'il est exclu que le spectateur s'interroge sur la «merveille» et qu'il ne peut, de l'intérieur, que l'admirer.

Mais Scapin est tout autre que magicien, il est un **maître** : un maître pour Octave et Léandre, qu'il essaye avec difficulté d'endurcir et de former à la résistance envers leur père par le spectacle de son propre exemple ; un maître pour le spectateur convié à comprendre le subtil mécanisme de ses ruses.

La tranquillité du spectateur favorise aussi le déclenchement du rire ; ce ne sont pas les moyens du comique qui nous retiennent ici mais la situation qui permet sa meilleure réception. Mais Argante, dira-t-on, ne va-t-il pas gêner par son malheureux sort la disposition à rire du spectateur qui pourrait trouver la ruse excessive ? Argante est un «**ridicule**», soit ici le vieillard autoritaire et avare ; son «emploi» est fait pour diriger la réception du spectateur et provoquer un rire sans mélange. Molière a, certes, transformé ces figures de vieillard mais Argante n'est pas Arnolphe ; il n'a ni amour filial ni passion qui puissent excuser sa tyrannie.

La ruse dont Scapin va user contre lui est empruntée à Térence ; il y donc bien quelques délicatesses dans cette comédie, plus peut-être que dans la pièce latine puisque Molière échange les frais d'un mariage, l'entretien d'une femme contre le coût d'un équipement guerrier. L'effet de gradation apparaît aussi dans *Le Phormion* et dans les paroles d'un esclave rusé qui sert son jeune maître aux dépens d'un père autoritaire. Mais l'invention de Molière est bien plus pure ; il use d'un ressort indépendant de l'intrigue, que Scapin crée d'imagination, à qui il va donner voix puis corps.

Les guillemets du texte indiquent au lecteur moderne que Scapin fait parler « le frère de cette fille qui a été épousée ». Mais à la représentation, c'est par la voix et le jeu de toute sa personne que l'acteur doit soutenir la **feinte** de Scapin devenu comédien devant Argante. L'acteur, ici Molière, a la liberté des limites de son jeu : mimera-t-il par la seule voix, ou donnera-t-il corps et gestes à son personnage ? Entre le « fantôme » qu'il se crée — pour emprunter un terme à Diderot, auteur du *Paradoxe sur le comédien* —, le rôle de Scapin, et son propre travail d'acteur, il demeure un jeu, au sens d'un espace entre des pièces d'une mécanique, propre au théâtre et que ce moment de la comédie de Molière nous rend particulièrement sensible. La comparaison des deux incises est sur ce point significative. La première « m'a-t-il dit » est censée être prononcée par Scapin et s'adresse directement à Argante ; la seconde « malgré moi » est un discours rapporté par la bouche du valet et renvoie aux paroles du frère. Il appartient à Scapin, comme fourbe et comédien, et à Molière, comme acteur, de faire apparaître ces nuances.

Dans l'invention de son discours, Scapin rivalise de virtuosité puisqu'il fait parler « un de ces braves de profession, de ces gens qui sont tout coups d'épée, qui ne parlent que d'échiner », sur le ton de la plus parfaite modération. Ce matamore s'exprime par ordre, analysant d'abord sa situation : « Je suis après », à comprendre comme « je suis en train », reprend l'expression convenue : « Nous voilà au temps ». Le nombre des syllabes, sensible dans cette prose scandée, marque une progression harmonieuse peu éloignée du rythme d'un vers :

> « Nous voilà au temps, m'a-t-il dit, que je dois partir pour l'armée. »

Ce matamore ne néglige pas non plus la nuance et « l'effet de sourdine », agrémentant ses paroles de « quelque » et de « tant soit peu ». Le pronom indéfini de la troisième personne, «à ce qu'*on* me propose», désigne son interlocuteur en affaire dans une distance polie. Argante ne saurait s'indigner d'un tel discours mais le spectateur s'amuse de ce **décalage de ton** — le frère menaçant s'exprime comme Valère, le galant amoureux d'Élise dans *L'Avare* — et admire l'invention et la rhétorique de Scapin.

Scapin garde pour la fin de son discours la précision de la somme à payer ; il l'a d'ailleurs fortement diminuée par rapport à sa première proposition qui se montait à «cinq ou six cents pistoles», soit six mille livres, somme exorbitante. Cette stratégie ne peut que lui concilier Argante qui, on le voit, a laissé retomber sa colère. Mais Scapin déclenche ici un nouveau ressort d'un jeu qu'il mènera avec son interlocuteur, son partenaire plutôt, jusqu'à la fin de la scène : le jeu du calcul, auquel s'ajoute bien sûr l'effet du comique de répétition. Scapin fait faire des additions à Argante ; le valet est le maître en arithmétique du maître ; aussi lui arrive-t-il de le féliciter, quand le calcul est bon : «Justement.»

Scapin devient aussi maître en leçon de chose et en grammaire puisqu'il décline tout le vocabulaire de l'équipement guerrier en même temps qu'il le chiffre. «Le harnais et les pistolets», «le cheval pour monter mon valet», après «le cheval de service» s'entendent comme la déclinaison d'un paradigme. L'accentuation sur le vocabulaire est si insistante que Georges Couton, dans son édition de la Pléiade, a besoin à ce moment du texte de se référer au dictionnaire de Furetière pour définir «cheval de service» comme «bon» cheval. Le spectateur se souvient alors du maître de philosophie et de son élève, Monsieur Jourdain, *Le Bourgeois gentilhomme*. La farce rejoint la grande comédie et la «machine» de Scapin est infiniment plus subtile et légère que les mécaniques du théâtre des Tuileries ou du Palais-Royal, parce qu'elle est verbale, et réflexion sur l'ordre du discours et sur sa puissance.

La machine est aussi gestuelle et corporelle puisque nous sommes au théâtre : chaque mot prononcé par Scapin, qu'il peut donc accompagner d'un mime, provoque, avant toute marque orale d'acquiescement ou de refus, un geste, un pas, une grimace d'Argante. Ce sont ces réactions d'Argante qui donnent le rythme à la scène et marquent ici la limite d'un premier mouvement accompagnée en paroles par la violence du juron, de l'exclamation, de la négation.

Argante est donc pris au piège de la ruse de Scapin ; il est tenu comme par un fil ténu, délicat parce que fait du langage et de son savoir, mais solide et tenace parce que manié avec autorité de la voix, du geste, du corps tout entier de Scapin. Scapin tient et retient Argante comme le Père Ubu les nobles avec son «crochet à nobles», comme l'Ange gardien retient Prouhèze par son fil, et comme Pozzo tire Vladimir de sa longue corde. Voici les **machines admirables, dramaturgiques, linguistiques et politiques**, auxquelles les inventions de Molière méritent d'être comparées, ni Jarry ni Claudel ni Beckett ne méprisant les tréteaux de la farce.

Mouvement 2

Argante, dans son violent mouvement de refus, inaugure un autre ridicule : barbon, écolier, esclave et pantin, il est aussi le naïf auditeur des contes de Scapin. Dans la dernière réplique, Scapin rapporte encore les paroles supposées de l'homme à l'équipement. Par là, Molière reprend le mode littéraire qui soutient tout le comique de *L'École des Femmes*, le «**récit** que vient faire Agnès ou Horace». Molière s'est longuement expliqué dans *La Critique de l'École des femmes* sur ce procédé mais aussi sur l'effet comique de la «confidence» ainsi créée. Le récit de «la conférence», selon le vocabulaire de Scapin, est certes mensonger mais il n'en conserve pas moins son effet de distance ; il sera bien temps pour Scapin de faire venir le frère courroucé, en la personne de Sylvestre, fourbe promu comédien. Le jeu est réservé pour la scène suivante et ici une **pure variation verbale** instaure le comique de la participation ; car Argante, en cela bien distinct du spectateur, participe au récit de Scapin et fait apparaître tantôt le maître, tantôt le valet. Il est aussitôt aidé par Scapin qui abandonne sa relation au discours direct et à la première personne pour se joindre au commentaire que tient Argante, à la troisième personne : «Voulez-vous que son valet aille à pied ?» Le spectateur, qui connaît le mensonge, ne peut que rire de la fausse vraisemblance de l'indignation de Scapin, tandis que par un accroissement de virtuosité s'ajoutent d'autres unités d'une autre série sémantique, mais toujours hiérarchisée : valet/maître, à pied/à cheval.

Mouvement 3

Scapin voit bien qu'il ne peut plus agir sur Argante, sauf à sortir de la série et à quitter pour l'instant son rôle de maître de grammaire et de conteur. Aussi gomme-t-il par l'indéfini — « peu de chose » — tout le précédent registre du vocabulaire et ouvre-t-il celui de la justice, qui a eu dans le théâtre et la littérature du siècle la fortune que l'on sait. Il ne néglige pas les armes de la rhétorique avec l'amplification, « donnez tout » et la figure « les mains de la justice ». L'alliance des impératifs, de la modalité négative de la phrase déjà employée par Argante, insiste fortement sur l'énonciation elle-même plus que sur l'énoncé. Il y a bien là entre les deux personnages une lutte de paroles effective, présente sur la scène, alliée à une rigoureuse logique d'énoncés de fantaisie et Scapin joue des deux ressorts avec virtuosité.

Le piège à double ressort fonctionne puisque Argante une seconde fois accepte la « proposition ». Il reprend ses propres termes avec quelques variations, « soit », « je consens/je me résous », mais avec un ralentissement dans le rythme, et l'indication précise cette fois de la somme « cela/ces trente pistoles ». L'addition ne se fait pas, oralement s'entend ; car, et c'est là le jeu du théâtre, elle se fait mentalement au moins trois fois et par trois actants de la scène : Argante, qui calcule ce que cette proposition lui coûte par différence avec un procès, Scapin, pour mesurer où il en est de ses gains, et le spectateur, qui sait qu'il faut atteindre deux cents pistoles, que nous en sommes à cent dix pistoles et que donc son plaisir n'est pas terminé.

Mouvement 4

Le chiffre ne clôt donc pas la scène ; il change seulement le rythme. Scapin n'a pas son compte ; Molière connaît l'attente du spectateur — c'est lui qui l'a construite — et Argante est toujours prisonnier de son valet ; aussi le fourbe lance-t-il plus loin sa « machine à Phynance » (*Ubu roi*, Jarry) et tire-t-il fortement sur la corde. Il reprend sa relation sans aucune annonce. Le ton et le mime devancent l'incise pour désigner le retour du récit. Le paradigme de l'équipement reprend comme une mécanique et comme une leçon qui se récite, toujours fortement marquée de la connotation d'une hiérarchie, d'ailleurs décroissante, du maître et du cheval de service, au valet et à sa monture à moitié prix, enfin à ce mulet, et sans doute aux « choses », qu'après ces animés, l'indignation d'Argante ne permet pas à Scapin de nommer.

Argante lui, pour la troisième fois, reprend la modalité exclamative, qu'il varie à chaque énonciation :

> « Comment diantre ! Qu'il se promène ! »
> « Qu'il aille comme il lui plaira, et le maître aussi. »
> « Oh ! qu'il aille au diable avec son mulet ! »

Mais, comme il a transformé l'intonation dans la seconde réplique par la modalité assertive, il énonce une seconde phrase complète qui, cette fois, clôt sa réponse :

> « C'en est trop, et nous irons devant les juges. »

Le verbe est le même, avec passage comique au pluriel de majesté, mais le complément fait passer le registre du vocabulaire du domaine de l'animal de bât à celui de la justice ! D'où un étrange effet de rime entre « le mulet » et « les juges ».

Un groupe de six répliques, imitant l'échange vers à vers de la stichomythie, achève le mouvement sur un rythme précipité. Le metteur en scène moderne, ou le directeur de troupe comme Molière, ou l'acteur, ont toute liberté pour inventer des mouvements, des gestes, organiser l'espace scénique dans ce moment très vif. Les points de suspension, la brièveté des répliques suggèrent l'inachèvement et la vitesse des déplacements.

Argante use deux fois de la phrase négative puis de la négation simple ; le choix de cette modalité indique bien combien il prévient là une éventuelle affirmation de son partenaire, Scapin, et combien s'exerce « un jeu d'échange » de l'un avec l'autre. Mais Scapin reste le maître au point qu'il peut tendre encore, comme un appât, « un petit mulet » pour écarter « les juges ». La machine verbale, à la considérer purement, marche, puisque Argante le paie d'un âne, prenant pour la première fois l'initiative du jeu, nouveau Monsieur Jourdain qui comprend et qui prend plaisir à entrer dans la démonstration du maître linguiste, Scapin.

C'est encore Argante, l'écolier, qui fera à nouveau apparaître le champ sémantique de la justice et mettra un véritable temps d'arrêt à ce mouvement. L'ultime terme « plaider » servira comme d'un tremplin à Scapin qui entamera une longue tirade sur « les détours de la justice », et selon sa rhétorique fleurie, sur « les animaux ravissants » et leurs redoutables

« griffes ». Argante n'aura d'autre solution que d'en appeler au « mulet » : La « machine » était bien « trouvée » !

Il faut revenir pourtant sur le dernier mot d'Argante. Si le vieillard va devant les juges, la supercherie est découverte et Scapin démasqué. Le spectateur n'est donc pas complètement tranquille et son admiration devant le déroulement de la ruse du valet ne peut être tout à fait pure. Il a d'ailleurs été averti très tôt, à la scène II du premier acte, par Scapin lui-même qui avoue à Octave un « petit démêlé » qu'il aurait eu avec la justice. Scapin prétexte cette « aventure où [il] se brouillait avec la justice » pour d'abord refuser son aide. S'il accepte enfin de « s'employer » pour les deux amoureux, c'est donc en partie par défi à la justice. Le spectateur le sait ; Sylvestre le rappelle à la clôture de la scène :

« et je n'ai pas l'esprit comme toi de me brouiller avec la justice. »

Il y a toujours une **inquiétude** chez Molière, toujours une figure d'une mort sourde ou violente, au moins quelque deuil, quelque solitude : « l'eau » où Dandin veut « se jeter la tête la première », le « gibet » dont Géronte menace Scapin, la solitude d'Arnolphe, le « désert » d'Alceste, la macabre « machine » qu'invente Scapin, mimant la mort vraie de Cyrano de Bergerac, os brisé, cervelle découverte par le « marteau d'un tailleur de pierre », et la mise en scène de son agonie pour défier encore une fois Géronte.

L'inquiétude est entièrement supportée par Scapin, celle des pères avares craignant pour leur fortune, et celle des fils timides tremblants pour leurs amours ne sont que de pâles degrés et le spectateur averti démêle très bien tous ces « ressorts ». Les machines de mort et les machines à « phynance » sont étroitement liées entre elles : elles se jouent l'une l'autre, préservant la légèreté de la comédie. Il faut risquer de « se brouiller avec la justice » pour gagner deux cents pistoles ; il faut accepter de se mêler à « une bagatelle », de « forger quelque honnête petit stratagème » pour défier au plus près les pères, la justice et la mort.

Conclusion

Ces analyses délicates qui mesurent de si près, en degrés, les rouages de la ruse, sont toutes — les guillemets en sont la preuve — à rendre à

Scapin, valet fourbe, à Molière dramaturge, au spectateur éclairé. La farce, en dépit de quelques bastonnades dont on mesure maintenant l'enjeu mortel, n'empêche pas «la comédie du langage» (*La Comédie du langage*, Tardieu) de s'installer en lieu et place de la comédie-ballet et du théâtre à machine sur la scène rénovée du Palais-Royal.

Scapin, promu maître de grammaire, s'adresse dans sa leçon à un public plus vaste qu'au seul Argante. Il représente le **discours de l'esprit, de l'intelligence** qui, sous ses aspects les plus techniques — ici la connaissance et la maîtrise du langage et de la dramaturgie —, s'adresse au pouvoir de l'argent et au pouvoir politique. Il faut entendre l'ensemble du pouvoir politique qui gouverne l'ordre de la famille, le mariage, le rapport des fils et des pères mais organise aussi la culture, la politique du théâtre, l'octroi des salles et la hiérarchie des genres.

Certes Molière a lui-même et de bonnes grâces contribué à créer, à diffuser le genre de la comédie-ballet et à user du théâtre à machines. Mais dans la dure épreuve de la rivalité avec Lulli qui va bientôt le priver de l'appui du roi, à deux ans de sa mort, sans doute voit-il avec une grande clarté la grandeur de son théâtre, qui est grandeur de l'esprit. Il peut, en même temps, accepter de composer *Psyché*, refaire son propre théâtre pour servir ce grand genre, diffuser ce goût royal et charger Scapin, le valet et le fourbe, de donner la leçon de théâtre et de politique que lui, Molière, tout à la fois Arnolphe et Dandin, ne peut recevoir qu'à ses dépens.

Aujourd'hui, on le sait, depuis la redécouverte de la musique baroque, des expériences dramaturgiques diverses et courageuses s'efforcent de recréer, à propos de Molière et du théâtre classique, un spectacle complet, où ballet, musique, opéra, magie des décors s'ajoutent au texte et démontrent d'une certaine façon son insuffisance. Du moins ces entreprises considèrent-elles comme un contresens historique le jeu pur du seul texte.

À Scapin de nous rappeler, comme l'avait osé Mallarmé en proie aux prestiges wagnériens, que la Littérature doit «reprendre» à la Musique son bien.

EXPLICATION 6

Marguerite Duras
Le Ravissement de Lol V. Stein

[Lol V. Stein, la jeune fille de S.Thala, fut, il y a dix ans, séparée un matin de bal de son fiancé Michael Richardson et du couple des amants soudainement formé à ses yeux, exclue pour toujours. Après les cris et la torpeur, après un long temps d'indifférence, elle semble s'éveiller comme dans une nouvelle naissance. Elle suit, dans sa ville retrouvée, un homme et la femme qui vient à sa rencontre ; peut-être a-t-elle reconnu son amie de collège, Tatiana Karl, celle-là même qui était à son côté la nuit où elle a été séparée des amants. À l'issue d'une longue marche dans la ville elle atteint à leur suite l'Hôtel des Bois où se louent à l'heure des chambres pour les couples adultères.]

Lol V. Stein est derrière l'Hôtel des Bois, postée à l'angle du bâtiment. Le temps passe. Elle ne sait pas si ce sont encore les chambres qui donnent sur le champ de seigle qu'on loue à l'heure. Ce champ, à quelques mètres d'elle, plonge, plonge de plus en plus dans une ombre verte et laiteuse.

Une fenêtre s'éclaire au deuxième étage de l'Hôtel des Bois. Oui. Ce sont les mêmes chambres que de son temps.

Je vois comment elle y arrive. Très vite, elle gagne le champ de seigle, s'y laisse glisser, s'y trouve assise, s'y allonge. Devant elle il y a cette fenêtre éclairée. Mais Lol est loin de sa lumière.

L'idée de ce qu'elle fait ne la traverse pas. Je crois encore que c'est la première fois, qu'elle est là sans idée d'y être, que si on la questionnait elle dirait qu'elle s'y repose. De la fatigue d'être arrivée là. De celle qui va suivre. D'avoir à en repartir. Vivante, mourante, elle respire profondément, ce soir l'air est de miel, d'une épuisante suavité. Elle ne se demande pas d'où lui vient la faiblesse merveilleuse qui l'a couchée dans ce champ. Elle la laisse agir, la remplir jusqu'à la suffocation, la bercer rudement, impitoyablement jusqu'au sommeil de Lol V. Stein.

Le seigle crisse sous ses reins. Jeune seigle du début d'été. Les yeux rivés à la fenêtre éclairée, une femme entend le vide — se nourrir, dévorer ce spectacle inexistant, invisible, la lumière d'une chambre où d'autres sont.

De loin avec des doigts de fée, le souvenir d'une certaine mémoire passe. Elle frôle Lol peu après qu'elle s'est allongée dans le champ, elle lui montre à cette heure tardive du soir, dans le champ de seigle, cette femme qui regarde une petite fenêtre rectangulaire, une scène étroite, bornée comme une pierre, où aucun personnage encore ne s'est montré. Et peut-être Lol a-t-elle peur, mais si peu, de l'éventualité d'une séparation encore plus grande d'avec les autres.

Marguerite Duras, *Le Ravissement de Lol V. Stein* (1964),
Folio Gallimard, pp. 62-63.

1. SITUATION

Quand Marguerite Duras écrit en 1964 *Le Ravissement de Lol V. Stein,* elle a déjà beaucoup publié, romans, nouvelles, pièces de théâtre, scénarios de cinéma. Or, toutes ses œuvres, aussi diverses qu'elles soient dans leur forme, aussi distantes qu'elles apparaissent dans le temps, se relient très étroitement entre elles et par un **maillon** très explicite et sensible. On le sait sûrement aujourd'hui que l'œuvre entière se déroule dans notre mémoire, mais toute proche et toujours comme expliquée, rectifiée, par le dernier livre.

Le lien n'est pas seulement formel comme l'exploration de toutes les techniques romanesques finalement désignées sous le titre «Nouveau Roman». Il n'est pas non plus thématique comme la suite d'un long questionnement sur le féminin, sur l'écriture, sur le rapport étroit d'un être, de la sexualité et d'une activité, d'une pratique de la lettre et de la langue.

Le maillon peut paraître d'abord très simple, ainsi une scène, une histoire en raccourci, celle de la mendiante indienne qui fait se rejoindre *Barrage contre le Pacifique* de 1950 et *Le Ravissement de Lol V. Stein.* L'article de Madeleine Borgomano dans le numéro 48 de *Poétique*,

« L'histoire de la mendiante indienne, une cellule génératrice de l'œuvre de Marguerite Duras », développe remarquablement cette trace d'un livre à l'autre et nous l'utiliserons.

La liaison peut être plus subjective et jouer comme un écho : qui a entendu le duo extraordinaire des deux voix, masculine et féminine, résonner fortement dans la salle de cinéma à l'instant où les premières images de *Hiroshima mon amour* apparaissent sur l'écran ne pourra plus jamais ne pas le réentendre, aussitôt que, dans l'écriture la plus muette, la plus intérieure, une voix narrative soudain s'isole et se place comme à l'écart de l'histoire qui se conte. « Tu n'as rien vu à Hiroshima. Rien. J'ai tout vu. Tout. » Le dialogue des amants revient à la mémoire du lecteur qui perçoit comme en écho cette voix à la première personne qui s'élève du texte :

> « Je vois comment elle y arrive... Je crois encore que c'est la première fois... »

Mais *Le Ravissement de Lol V. Stein* inaugure une autre série dans cette longue suite de livres. Le nom Stein y apparaît pour la première fois. Le prénom Valérie appartient déjà au roman immédiatement précédent, *L'Après-Midi de Monsieur Andesmas,* et « Lola Valérie » est une variation de Lol, de Lola, de Lol V. Le nom Stein aura une grande fortune dans la suite de la création durassienne. Ainsi s'appellera le personnage de *Détruire dit-elle,* roman qui succède à l'histoire de Lol, ainsi se nommeront les figures de cette variation que sont la suite des *Aurelia Steiner.*

Au-delà de ce jeu des noms entre eux, qui révèle un intense travail de genèse, qui désigne des chemins dans la création romanesque, *Le Ravissement de Lol V. Stein* semble fonder l'origine d'une autre histoire, non plus celle de la mendiante qu'elle poursuit, mais celle d'une rencontre qu'elle inaugure. Duras nomme elle-même cette rencontre une « scène primitive », soit une représentation imaginaire à partir de quoi l'esprit trame sourdement toute son histoire. La scène est celle de la rencontre avec Anne-Marie Stretter, la scène du bal, et de l'irrémédiable séparation d'avec Lol V. Stein.

La « scène primitive » peut en même temps se comprendre comme la **scène origine du roman**. Le récit du bal écrit ce commencement : « Elle commençait déjà la nouvelle histoire de Michael Richardson, à se faire.» Car les romans de Marguerite Duras, bien loin d'éviter «l'histoire», se construisent autour d'une unité narrative, d'une sorte de noyau de fiction, de centre à partir duquel le texte se déploie et se compose. La scène du bal est un de ces moments narratifs qui ouvre une longue série de «versions» que le roman lui-même énumère dans son propre espace et que les livres à venir se remémorent. Ainsi en 1972, *India Song* semble ne pouvoir commencer sans qu'une de ses voix n'énonce, sur le mode de la citation, l'histoire de Lol V. Stein :

> «Michael Richardson était fiancé à une jeune fille de S. Thala. Lola Valérie Stein. Le mariage devait avoir lieu à l'automne.
> Puis il y a eu ce bal.
> Ce bal de S. Thala...»

Lorsque commence la narration de la marche de Lol, à la suite des amants, vers l'Hôtel des Bois, la même scène est rappelée, par deux fois, selon les déplacements dans les lieux. D'abord «au-delà du faubourg» :

> «Une place est à prendre, qu'elle n'a pas réussi à avoir à T. Beach, il y a dix ans. Où ?»

et plus loin, encore, à l'approche de l'hôtel :

> «C'est une jeune fille de S. Thala qui, à cet endroit a commencé à se parer — cela devait durer des mois — pour le bal de T. Beach. C'est de là qu'elle est partie pour ce bal.»

La situation se pense donc par déplacement, **chaque texte étant comme hanté par un autre** ou par une version de lui-même. Le déplacement majeur reste celui du texte par rapport à son titre et l'analyse de cette très contraignante relation conduit à une seconde situation de ce passage.

Le **ravissement** est un terme de la mystique chrétienne. Sainte Thérèse d'Avila l'analyse, dans sa *Vie écrite par elle-même,* comme le dernier degré de l'oraison, le quatrième, le plus «sublime». Le ravissement — en espagnol *el arrebatamiento*, de *arrebatar* : «arracher, saisir» — est défini à l'ouverture du chapitre XX comme «élévation, vol d'esprit, transport, car c'est tout un. Je dis que tous ces dons signifient une même chose qu'on appelle aussi extase». L'on pourrait croire, à lire trop vite la scène du bal, que le ravissement est celui des deux amants, «ravissement des deux en une danse qui les soude», et pour Lol, «le rapt de son fiancé par celle qui n'a eu qu'à soudainement apparaître». Ainsi s'exprime Jacques Lacan dans l'«Hommage fait à Marguerite Duras du ravissement de Lol V. Stein» en 1965. Mais, on le voit grâce au sens mystique du terme, la seule «ravie» est Lol, et par un couple qui, pour elle, exerce la toute puissance extatique de Dieu. Le texte du roman l'écrit d'ailleurs au cœur même du récit de la scène :

> «Lol sans aucun doute s'aperçut de ce changement. Elle se trouva transportée devant lui...»

Ce changement porte sur «la personne même de Michael Richardson»...

> «Il était devenu différent... Lol le regardait, le regardait changer.»

Au spectacle du «rapt» de son fiancé, Lol supporte le ravissement de sa propre personne.

Le champ de seigle où Lol, ici, volontairement se transporte, vaut pour le lieu géométrique de toutes ces scènes, amoureuse, romanesque, primitive et mystique.

2. Projet de lecture

Mais le transport de Lol en ce lieu ne peut se borner à une simple répétition du roman par lui-même, ni à un retour du personnage sur un lieu et un moment de son passé. Plusieurs fois avant cette marche vers le champ, il est écrit que Lol «invente», que sa personne commence à se mouvoir, à naître. Qu'est-ce donc que l'**actualité** de son action, de sa présence, dans l'espace qu'elle délimite du mouvement de son corps et de l'exercice de sa pensée ?

Cette tension entre l'actualité et la répétition se double d'une tension entre **l'inconnu et le connu**. Même si le titre remplit pour le lecteur sa classique valeur d'attente et d'interrogation, qu'est-ce que le ravissement de Lol V. Stein ? et, qui est Lol V. Stein ? Il est renvoyé à l'ordre du connu par le nom propre qui crée un effet personnage, par le savoir contenu dans le terme «ravissement». Mais Lol dans le champ fait, par sa présence, en sa personne, intervenir les signes de l'inconnu, l'ignorance, l'inconscience, le sommeil, l'absence, tandis qu'une voix insistante, celle muette du lecteur, et de Lol elle-même, le regard comme les gestes, comme la mémoire, interrogent sans cesse un savoir qui se dérobe.

3. Voix

La voix narrative se marque depuis le début du roman du sceau de l'inconnu : elle s'exprime à la première personne mais demeure anonyme. Par moment, cette voix desserre son étreinte, alors les événements semblent «parler d'eux-mêmes». Mais très vite la voix revient, ici par deux fois, et elle ne s'exprime jamais qu'en terme de savoir ou d'ignorance, savoir ou ignorance qu'elle a pu amasser sur Lol et qui lui permet de conter ou d'inventer son histoire.

La voix dit si souvent qu'elle invente qu'on serait tenté de la considérer comme la voix pure de la fiction, la voix qui invente, parle, écrit sans aucun des déguisements classiques, éditeur, découvreur de manuscrit, témoin, confident. Une fois cependant la voix avoue :

> «Je connais Lol V. Stein de la seule façon que je puisse, d'amour.»

Cet amour lui-même est longtemps tenu dans le silence. Le lecteur est tenu longtemps dans l'ignorance du temps, du lieu, de la personne de cet amour. L'un des progrès de ce texte est d'aller au plus proche de la connaissance de cet amour, qui est donné comme le pôle d'un savoir sur le récit.

L'anonymat de la voix est bientôt levé : quand s'achève la recherche de Lol, quand enfin elle se trouve face à face avec cet homme et cette femme qu'elle a suivis, puis épiés dans le champ de seigle, **la première personne se fait reconnaître comme celle de l'homme, l'amant de l'Hôtel des Bois**.

> «Tatiana présente à Lol Pierre Beugner, son mari, et Jacques Hold, un de leurs amis, la distance est couverte, moi.»

La distance peut s'entendre dans la fiction comme l'espace et le temps depuis dix ans parcourus vers le personnage ; mais aussi, dans la narration, comme le temps et l'espace qui délimitent toute une première partie du texte et de sa situation narrative. Le **don de l'identité** a lieu quand s'achève la grande scène singulative du champ de seigle, après la relation sur le mode itératif de la préparation de Lol, à l'issue de l'autre grande scène singulative de la rencontre.

S'il faut réfléchir sur la «modernité» du texte de Duras, l'on peut avancer qu'elle se mesure au **travail de concordance entre le dévoilement d'une voix narrative et la rencontre d'un actant de la fiction**. Le roman se déroule à la fois comme histoire et comme histoire de sa formation, plutôt de sa récitation par cette voix. Ce travail de concordance ne va pas sans difficulté, sans un «jeu», blanc ou espace avant le moment où «la distance est couverte». Cet effort du texte sur lui-même mérite peut-être aussi le titre de «ravissement».

4. Mouvement

Le mouvement du texte se mesure au parcours de cette «distance» qui se situe sur plusieurs plans. Pour rester fidèle au registre du titre, le déplacement du personnage peut se décomposer en «stations», le terme désignant les arrêts du Christ sur le chemin de croix et chacune des images qui représentent la montée au calvaire ; ces «stations» marquent aussi les degrés qui conduisent à l'expérience du ravissement. De plus, la représentation en image aide à poser les enjeux d'une expérience qui passe par le regard et le tableau. Le même terme peut désigner les pauses qui scandent la narration, comme des strophes dans un poème, et les paliers de la voix narrative qui ne s'est pas encore désignée et qui va progressivement vers le lieu et le temps de cette désignation.

Les paragraphes font apparaître, en fidélité avec cette lecture, **trois mouvements** de deux termes chacun. Il faut un équilibre, une «méthode», écrit Duras, pour composer une telle expérience. Des répétitions relient comme une rime les moments intérieurs à chaque mouvement. Ainsi le nom «l'Hôtel des Bois» rattache les deux premiers paragraphes ; celui de Lol, avec sa variation Lol V. Stein, les deux seconds ; l'indéfini «d'autres»/«les autres» les deux derniers. Une correspondance se fait entre les places de ces «rimes» : la première phrase, puis deux fois la dernière phrase, le dernier mot.

La composition est admirable donc, sur le modèle de la musique que le mari de Lol, Jean Bedford, musicien, met en abîme dans le roman, et que le chant de son violon rappelle sans cesse, «éperdument musical, chant de l'instrument même». Si la composition est musique, elle est aussi mémoire : à l'ultime instant du bal, survient «le passage des violons», qui désignent ici non plus les instruments et les chants, mais les musiciens eux-mêmes, porteurs de silence, «leurs violons enfermés dans des boîtes funèbres». Dans le champ de seigle, Lol n'aurait-elle pas tout composé pour que la musique à nouveau se fasse entendre ?

5. Analyse linéaire

Mouvement 1

La narration de la marche de Lol, depuis longtemps commencée, se module ici au présent ; un présent de narration qui, par instant, s'interrompt puis qui se stabilise et se maintient jusqu'à la fin de la scène. L'intervention de la voix narrative l'a fait apparaître et le fait demeurer ; c'est donc cette première personne qui garantit l'actualité de l'histoire de Lol, et cette actualité est moins celle de l'événement que celle de son récit. Ce présent n'est pas une illusion, il est la vérité d'une récitation, d'une écriture, d'une invention. La vérité gagne l'histoire, comme une sorte de contagion ; il faut que l'histoire de Lol ici soit vraie, de la vérité de la voix qui la conte et l'invente. Nous sommes installés dans la voix d'un sujet, non dans une omniscience factice.

Dans cette histoire, contée dans son actualité, l'unité du premier temps est liée à l'**immobilité** et à la place de Lol. Mais l'immobilité du personnage est moins accentuée en elle-même que comme un moment dans un devenir, une étape dans une expérience. Pour Lol, c'est une attente. Le devenir ne peut encore se mesurer que par des éléments qui lui sont extérieurs : le temps, la transformation du paysage dans les variations subtiles de la lumière, le rapport avec le passé. Mais la similitude consonantique, «postée», «passe», «plonge, plonge» révèle que la position de Lol n'est qu'une «station» dans une **dynamique** qui l'entraîne.

Il est un autre indice du mouvement, lisible et audible dans le **jeu de la lettre [l]**, comme aile, dans le groupe «qu'on loue à l'heure», qui, renforcé par la brièveté des monosyllabes s'enchaînant avec rapidité et légèreté, dissémine dans le roman le nom de Lol. Cette figuration de l'envol, qui serait attachée au prénom lui-même, survient quand le texte analyse la pensée du personnage ; il est d'ailleurs impossible de décider du sujet de l'énonciation : qui parle ? Est-ce la voix à la première personne ? Est-ce un discours intérieur de Lol ? La réponse, au paragraphe suivant — par le seul adverbe d'affirmation «Oui» et l'adjectif possessif de la troisième personne «son temps» —, ne permet pas de trancher. Si la voix à la première personne énonce ainsi le non-savoir, puis le savoir de Lol, et si donc elle se distingue d'elle, elle n'en est pas moins atteinte par son histoire ; elle en subit la contagion. Dans les pages qui précèdent *India Song*, Duras explique qu'une voix récitante «se brûle» à l'histoire d'Anne-Marie Stretter, une version de l'histoire de Lol. Quel que soit le sujet qui parle, il est emporté par ce mouvement qui anime comme un souffle l'être, alors qu'il est encore immobile. Le texte écrit un mouvement très subtil qui se mesure dans le passage de «chambre» à «champ», dans la poursuite de la lettre [s], «ne sait pas si ce sont», dans l'allitération «plonge, plonge/de plus en plus», dans la rime intérieure, «plonge»/«ombre», dans la délicate variation du timbre, «l'heure»/«laiteuse» voyelle ouverte/mi-ouverte. Un devenir léger mais décidé anime l'immobilité même.

Ce devenir, Lol ou la voix du récitant le prennent pour retour du passé sur le présent, un retour du «même», et la fenêtre qui s'éclaire pourrait leur servir de preuve ; preuve aussi le nom «l'Hôtel des Bois» qui semble fixer une identité à travers le temps. Mais le nom propre, avec ses majuscules qui le soulignent dans la page, avec sa répétition, désigne poétiquement les premiers versets du texte, ses strophes, sémantiquement le lieu d'une «station» de Lol dans son chemin vers l'expérience du ravissement. La connaissance de l'expérience mystique nous apprend ceci : que le passé que convoque ici la mémoire est d'abord une image pour fixer, pour entraîner l'oraison ; ainsi une âme qui s'adonne à l'oraison chrétienne peut d'abord poser à son imagination l'image du Christ en croix, ou celle de sa résurrection. Il n'y a aucun rappel du passé mais, tout au contraire, une tension très forte de l'âme de la créature vers le **devenir** de sa prière ; son désir est d'être ravie hors de soi et d'atteindre au plus proche de l'union avec Dieu, avec l'Autre. C'est un semblable désir de l'autre, « des autres », dans l'illusion d'un retour du même, qui anime Lol et la voix d'un mouvement si délicat.

La différence du passé au présent, du même à l'autre, de l'immobilité au mouvement, est entièrement soutenue dans la narration par un seul élément : le champ de seigle, le **lieu** et sa merveilleuse matière, sa superbe lumière, sa fécondité, sa profondeur, sa toute-puissance. C'est un lieu fait pour le séjour d'un jeune Dieu. Ses vertus que nous rassemblons ici sont déclinées tout au long de la narration qui s'y passe tout entière ; mais ici les aspects concrets, le vert et le laiteux nous retiennent d'abord. Ce sont les marques du printemps et de la fécondité : Lol V. Stein, en se plaçant toute proche du champ de seigle, est à l'âge de la reverdie provençale, de Vénus et des *campos virentes* de Lucrèce. Dans notre imaginaire, elle rejoint *La Sorcière* de Michelet qui, dans l'herbe de la lande, attend les noces avec Satan, figure inversée de la divinité, celle qu'on appelle, comme Lol, « la fiancée du vent » ; ou les bacchantes d'Euripide, possédées par Dionysos, qui font jaillir le lait comme une source dans la montagne et allaitent les animaux sauvages ; dans *Le Vice-Consul* enfin elle deviendra la mendiante, celle qui « revient à son arbre. L'ombre des pommiers canneliers est dense, elle s'assied dedans pour ne pas être vue et attendre encore ».

Un acte, précisément nommé dans la figure de la mendiante, va précipiter Lol dans ce lieu où se réalise la féminité, un acte à peine désigné dans ce premier temps, à savoir le **regard**. Être, comme Lol, « postée », c'est être guetteur ; et tout ce que le texte passe sous silence et qui fait que l'ignorance du personnage et du récitant devient un savoir tient au regard, à la vue de cette fenêtre qui s'éclaire. Le regard, dans cette succession de phrases avec asyndètes, détient les pouvoirs de la notion de cause.

Mouvement 2

Le regard est aussi le partage de la voix du récit. Cette voix semble trouver là, dans cet acte, une autorité et un savoir ; mais le lecteur l'apprendra bientôt, Jacques Hold alors n'a rien pu voir : il ne le peut qu'après coup, grâce à l'agencement, l'espèce de piège dans lequel la femme l'a enfermé, d'où il pourra raconter cette histoire ; aussi n'a-t-il qu'une hâte, décrire cet ordre, cette disposition qui est celle d'un lieu. La vitesse — et de la femme à rejoindre ce lieu, et du rythme de la phrase elle même — est au moins autant signe de sa hâte et de son désir, de son angoisse à décrire ce cadre où il sera pris.

Le premier temps de ce mouvement évoque donc l'**enfouissement de la femme** tel que la voix le désire, dans une phrase à la cadence équilibrée mais où chaque groupe rythmique, par sa progressive réduction, mime l'effacement de la femme dans le seigle.

> « Je vois comment elle y arrive. Très vite, elle gagne le champ de seigle, s'y laisse glisser, s'y trouve assise, s'y allonge. »

L'emploi de l'adverbe de lieu « y » est très remarquable : on pourrait le considérer comme fautif dans sa première occurrence, car il ne saurait renvoyer à « ce champ » placé beaucoup trop haut dans la phrase ; pourtant c'est bien du champ de seigle qu'il s'agit ; une même vitesse entraîne la voix qui récite, celle qui écrit, la femme qui se précipite ; une vitesse et peut-être une plasticité. Car que représente ce « y », le seigle, le présent ? Le temps, « son temps », le passé, le temps du bal ? Cette plasticité est celle d'un signifiant qui échange ces signifiés comme une lettre que l'on se passe. L'adverbe, assurément, désigne un lieu, celui que nomme la **lettre initiale des « yeux »**, [y] ; le texte dira bientôt, « les yeux rivés ». Le champ de seigle est le lieu des regards qui se portent, tous décalés, les uns sur les autres. Un éloignement existe toujours, comme de la créature à Dieu, qui va la ravir, comme de la femme à l'homme qu'elle désire voir, dont elle désire être vue.

La voix dit en même temps le regard de Lol, puisqu'aussi bien elle est la créatrice de ce champ des yeux ; mais elle le dit implicitement, par la place de la lumière et de la fenêtre, par la distance qui l'en sépare. Ainsi est bien dit l'acte du regard, son mouvement et son désir, sans qu'aucune image trop précise vienne couvrir cette énergie. Mais l'histoire de ce regard est longtemps différée comme si, avant qu'il s'exerçât, il fallait dire encore plus exactement la position de Lol dans le champ, sa position spirituelle autant que celle de son corps. Le second moment se voue entièrement à cet objet, le mode d'être de Lol. Une fois le sujet épuisé, il n'y a plus qu'à écrire son nom, comme une inscription sous une « station », et cette inscription rappelle la première inscription qui vient désigner sa place dans le champ.

« Mais Lol est loin de sa lumière. »
« ... jusqu'au sommeil de Lol V. Stein. »

Les reprises et les inversions des lettres lient d'autant plus fortement les deux inscriptions :

Lol... loin**...** **L**umi**è**re
somm**ei**l de **L**ol V. Ste**i**n

Dans cette station, une vertu négative de Lol est accentuée, une seule dans la série de ces variations : l'**inconscience**, le non-savoir, un état entre vie et mort, la « faiblesse », jusqu'au « sommeil ». La phrase procède par adjonctions, par pauses dans le rythme de la voix, par reprises, comme si elle creusait sans cesse ce fond en elle, où il n'y a pas d'idées. Si « idée » garde un peu de son sens étymologique d'image, l'analyse de son absence en Lol signifie qu'il n'y a pas en elle de représentation de son projet autre que le mouvement même de son corps, l'extraordinaire lourdeur de ce corps après la marche, l'attente, l'enfouissement, la tension du regard. Il n'y a pas en elle, comme un éclair, une foudre qui la « traverserait » de sa clarté. Il semble que dans cet état elle reste lovée sur son corps, et les reprises des mêmes constructions, complétives, prépositions, participes présents, adverbes de lieu, tous redoublés, triplés, figurent la violence de l'attache à une même posture.

À défaut de cette clarté en elle, Lol aménage à l'extérieur, comme une hallucination, la seule **représentation** qu'elle puisse donner d'une « idée » qu'elle n'a pas. Elle compose, elle invente un théâtre, la scène du champ de seigle et de la fenêtre de l'Hôtel des Bois où projeter, dans une clarté, extérieure à elle, une représentation de son désir, dont elle n'a pas idée ; seul le récit de Jacques Hold en fait foi.

Les adverbes de lieu, nombreux et pressants, « là », « y », « en », précisent extraordinairement la présence de Lol en ce lieu et son inconscience d'y être. Ils révèlent aussi une autre dynamique que celle de la marche, celle si particulière d'un corps et d'une pensée qu'on peut croire immobiles et inactifs mais tout près, en fait, de s'envoler.

Car si « idée » ne doit recevoir d'autre sens que celui de notion abstraite, de conception de l'intelligence, alors Lol entre dans le dernier degré de l'oraison avant le ravissement ; elle supporte ici ce que sainte

Thérèse nomme une «**suspension des puissances**». La volonté, l'entendement et la mémoire «complètement ravis» peuvent demeurer «égarés» pendant quelques heures. Sainte Thérèse, tout en précisant que, pour elle, la «suspension complète des puissances» a toujours été très courte, s'efforce de décrire cette étonnante expérience :

> «Ici toutes les puissances défaillent et sont tellement suspendues que, je le répète, on ne peut nullement comprendre qu'elles agissent. Si précédemment on méditait sur quelque scène de la Passion, la mémoire la perd de vue, comme si on n'y avait jamais pensé. Si on lisait, on ne comprend rien et on ne peut se fixer ; si on priait vocalement, c'est la même chose. Et ainsi cet importun petit papillon de la mémoire se brûle alors complètement les ailes et ne peut plus voltiger.»

«La faiblesse merveilleuse» qui conduit Lol au plus loin de l'état de veille, au sommeil, aux limites de vie et de mort, rejoint celle qu'éprouve la créature dans l'expérience mystique de l'union avec Dieu :

> «Tandis qu'elle cherche ici son Dieu, elle sent, au milieu des délices les plus profondes et les plus suaves, une défaillance presque complète ; c'est une sorte d'évanouissement qui enlève peu à peu la respiration et toutes les forces du corps. Aussi on ne peut qu'au prix des plus grands efforts faire même le moindre mouvement des mains ; les yeux se ferment sans qu'on le veuille ; si on les tient ouverts, on ne voit presque rien.»

La «suavité» de l'air que Lol respire, ce sont les joies de l'âme quand Dieu la favorise dans l'oraison. Quel est le Dieu qui la favorise de cette faiblesse et de cette douceur avec une telle puissance ? Le nom et la lettre qui limitent la station et, dans la page, clôturent et ouvrent les paragraphes, le désignent déjà :

> «**s**ommeil de Lol V. **Stein**./le **sei**gle crisse **s**ous **s**e**s** r**eins.**»

Mouvement 3

À ce moment de son récit, la voix narrative semble relâcher son emprise ; deux fois présente dans le temps 2, elle n'apparaît plus ici : elle est comme «brûlée» par le spectacle et l'action qu'elle va décrire et dont elle fait partie. Le savoir de cette voix, comme celui de Lol, est partagé entre conscience et inconscience ; Jacques Hold, alors dans la chambre derrière la fenêtre, ne sait rien et va être, par cette femme divine, ravi, et comme narrateur de son expérience, «les puissances» lui sont rendues, et la mémoire, et l'imagination, et les yeux et la parole.

La **continuité** du lieu et de la saison, la création de Lol par elle-même, sont d'abord affirmées. Elle est bien la femme de la végétation féconde et jeune, d'une nature, sous ses aspects masculins — ici le seigle —, presque épousée par elle. Le chant du seigle, devenu le matériau de ce nid qu'elle s'est fait, s'élève, mimé par le texte, pour accompagner la représentation qu'elle se donne.

Cette représentation est en lieu et place de celle de T. Beach, mais elle ne la répète pas, elle est entièrement actuelle, sa forme et ses acteurs sont autres. Quand Lol a commencé sa marche, son narrateur raconte :

> « Une place est à prendre, qu'elle n'a pas réussi à avoir à T. Beach, il y a dix ans. Où ? Elle ne vaut pas cette place d'opéra de T. Beach. »

Cette place, elle vient de la construire et là, maintenant, elle est à la représentation ; mais la comparaison avec l'opéra, en effet, ne convient plus : le cinéma et son écran sont les modèles de cette «fenêtre éclairée», de «cette petite fenêtre rectangulaire». Mieux encore, sur l'écran, il n'y a jamais personne, «aucun personnage», ce n'est qu'impression sur la pellicule, à la différence du théâtre et de l'opéra. C'est un art travaillé par l'absence, un art de l'image, du fantasme ; un art bien fait pour exprimer la privation que cette femme a subie.

De plus ici par deux fois l'art de l'écran est pris dans son action essentielle, avant même de laisser place aux images : il est l'instrument pour capter le **regard**, qui ne se confond ni avec l'œil, ni avec l'image. Ce savoir sur le regard est celui du psychanalyste aujourd'hui, c'est la leçon de Jacques Lacan ; c'est aussi le savoir des anciens mystiques et de sainte Thérèse d'Avila. Dans le ravissement, écrit-elle, nous l'avons cité, «les yeux se ferment, ...on ne voit presque rien» ; et si l'âme méditait sur une scène de la Passion, la mémoire «la perd de vue». Dans le ravissement, certes, il y a des visions, celles accompagnées d'images, dites visions imaginaires, celles sans images, appelées non imaginaires. Et l'âme considère comme supérieure celles où les mains du christ, ou son corps, apparaîtront «aux yeux de l'âme» ; et de même la femme couchée dans le seigle devant la fenêtre vide est dans l'attente, dans le désir que les amants se montrent ; ce qu'ils feront et qui la comblera. Mais sainte Thérèse démontre surtout que le pouvoir de Dieu, dans les différents degrés de l'oraison, est de «ravir», de capter le regard ; Duras écrit de sa créature qu'elle a «les yeux rivés» ; et, en même temps, elle captera le regard de l'amant, Jacques Hold qui, de la fenêtre, verra «la tâche sombre dans le seigle» et s'attachera, comme dit la langue, à écrire son histoire.

Le savoir sur le regard est d'abord celui de la voix narrative, puis celui de la femme. **La distribution du savoir sur le regard est la raison fondamentale de la division du texte.**

– La première relation accentue et l'acte du regard, et le manque constitutif de l'acte lui-même. Les tournure participiales — «rivés», «éclairée» — indiquent que la situation a été définie et les deux pôles bien placés ; le sujet grammatical, qui est aussi le sujet qui soutient l'acte du regard, s'écrit non plus dans la distance avec son objet, la fenêtre, mais dans la distance avec l'Autre, qui s'écrit ici «les autres», qu'il désire voir, dont il désire capter le regard et dont il reste séparé. Le tiret figure matériellement dans la page cette séparation, comme les préfixes négatifs, comme le rejet, en fin de phrase et en fonction d'apposition, de ceux qui attirent le regard, les autres. Le tiret s'accompagne d'une rupture de construction : il n'y aurait pas beaucoup de sens à comprendre les infinitifs «se nourrir, dévorer» comme se rattachant à un sujet «le vide» dans une proposition dépendant du verbe de perception *entendre*. Les infinitifs, séparés mais placés à côté du sujet, développent plutôt, avec une anacoluthe, l'acte paradoxal du regard qui comporte en lui le manque. La paronomase «rivés»/«vide» écrit le **rapport nécessaire du regard et du manque**. Sémantiquement, «entendre» au lieu de voir écrit une autre sorte de déplacement du regard.

Le sujet donc, «une femme», ne peut se raconter que dans cette étrange scène où elle atteint son «extase» la plus grande, dans la séparation d'avec elle-même, comme par un tiret, ou par le ravissement, quand l'âme est élevée du sol par Dieu.

– Dans le second temps, le savoir sur le regard est partagé par Lol. Il lui vient sous la forme de la mémoire, cette «puissance » que sainte Thérèse appelle «le petit papillon» qui par moment se brûle et par moment voltige. Dans une ultime version de la figure féminine, Lol devient ici la fée, puisque souvenir et mémoire sont des parts d'elle-même, la fée après la mendiante, la sorcière, la bacchante, la sainte, la folle, «une dingue». Cette mémoire, il est tentant de la réduire au souvenir de la scène du bal de T. Beach. Le roman le dit et le fait dire aux personnages plusieurs fois. *India Song,* qui réécrit, nous l'avons dit, l'histoire de Lol V. Stein, le proclame par ses voix :

VOIX 1
Que voulait la jeune fille de S. Thala ?
VOIX 2
LES SUIVRE
LES VOIR
LES AMANTS DU GANGE : les voir.

Jacques Lacan, dans le séminaire *Les Quatre Concepts fondamentaux de la psychanalyse*, au chapitre «Qu'est-ce qu'un tableau», analyse ainsi l'***invidia*** :

> « *Invidia* vient de *videre*. L'*invidia* la plus exemplaire, pour nous analystes, est celle que j'ai depuis longtemps relevée dans Augustin pour lui donner tout son sort, à savoir celle du petit enfant regardant son frère pendu au sein de sa mère, le regardant *amare conspectu,* d'un regard amer, qui le décompose et fait sur lui-même l'effet d'un poison. »

Il est impossible de ne pas reconnaître Lol lors de la scène du bal, lorsque Michael Richardson lui est ravi, et Lol ici dans le champ de seigle éprise du désir de voir le couple d'amants, Jacques Hold et Tatiana. La similitude est plus sensible encore, lorsque l'analyste poursuit :

> « Telle est la véritable envie. Elle fait pâlir le sujet devant quoi ? devant l'image d'une complétude qui se referme... »

La complétude est si forte que l'écriture romanesque la baptise ici «LES AMANTS, LES AMANTS DU GANGE».

Mais dans le champ de seigle, il s'agit du «souvenir d'une certaine mémoire», non le souvenir du bal mais le retour du «papillon», le vol léger, un frôlement d'une puissance qui revient. Cette puissance ne rappelle aucun passé — la phrase est très explicite —, elle lui «montre» le présent, «l'actualité» brûlante du ravissement. Elle lui donne, le temps d'un très léger contact, le coup de baguette de la fée, une sorte de conscience de la «scène» de l'inconscient où elle se donne à voir. Il n'est pas étonnant donc que le célèbre psychanalyste ait écrit cet «Hommage fait à Marguerite Duras du ravissement de Lol V. Stein». Marguerite Duras, ou Jacques Hold, ou Lol elle-même, se trouvent en possession du savoir de l'analyste ; ils en ont de quelque fée reçu le don. La complexité extrême de la situation narrative révèle bien le « nœud » du lieu du savoir.

Il ne reste qu'à admirer la lettre, soit d'abord la superbe cadence mineure de la longue et aérienne phrase qui conduit encore au même prédicat, dans le plus vif suspens, la vacuité et l'attente. Son attaque est infiniment légère, trois notes sur deux vocalismes, une variation de timbre, une allitération en [l]. Son déroulement est englobant et totalisateur, comme le savoir, répétitif comme l'inconscient. Sémantiquement, les verbes qui signifient le regard et la représentation encadrent la phrase et marquent son centre : «elle lui montre» se retrouve dans «aucun personnage encore ne s'est montré». «Une femme qui regarde», en fonction de groupe objet et en position centrale, joue le rôle du foyer où convergent les regards et d'où ils repartent, comme l'image du peintre devant sa toile dans un tableau, telles *Les Ménines* de Vélasquez, ou toute autre allégorie de la peinture et de l'œil. Le terme «scène» qui apparaît pour la première fois relève la valeur esthétique de la représentation, que l'on choisisse théâtre, opéra, cinéma, ou peinture. Il ne cesse pas de désigner la scène de l'inconscient, celui que Lacan nomme l'Autre, que Lol convoque, auquel elle fait désespérément appel, et aussi la scène mystique où l'âme désire et craint le ravissement.

La scène comporte ici une marque supplémentaire, «une scène étroite, bornée comme une pierre». On pourrait dire qu'elle est signée, qu'elle porte le nom de son créateur, Lol V. Stein. *Stein*, en allemand, c'est la **pierre**. Or c'est bien celle qui s'appelle «mademoiselle Stein» qui a fixé les limites, «borné» cette scène où le regard ne rencontre qu'absence et que manque. L'apodose de la phrase reçoit alors une fonction double, presque paradoxale : d'une part elle énonce le prédicat qui va se jouer sur cette scène ainsi bornée, la représentation d'une absence, «d'aucun personnage», la signature alors renforce la clôture ; d'autre part, elle accentue l'ouverture possible dans le temps, brise la borne, et raye la signature qui devra, non disparaître mais se déplacer, l'œuvre n'est pas achevée, «encore», il faut signer ailleurs. Une autre série de personnages se fonde là, celle des *Aurelia Steiner* qui vont apparaître bientôt sur la scène durassienne. *Aurélia Steiner*, mère et fille inséparées dans le lieu des camps, poursuivent la primitive figure de la mendiante, celle dont Lol donne ici une variation, dans la guetteuse, la quêteuse d'un regard, la femme ravie à elle-même dans l'*invidia*.

Or c'est cette scène, l'*invidia,* que Lol doit maintenant affronter, lorsque, sur l'écran, la pierre qui désormais porte son nom, les « autres » se montreront. La peur est une autre puissance qui s'éveille et la touche comme la mémoire. L'on pourrait dire que la peur, de la même manière infiniment légère, la « frôle », tant elle est écrite délicatement avec la minutie des monosyllabes, la variation des timbres et l'inversion des lettres autour du nom de Lol, comme en miroir :

Et **peut-être**
Lol
a-**t**-elle **peur,** mais si **peu**

Le spectacle de l'effroi se déroule, au contraire, amplement, sur toute l'apodose, séparé, comme sur un écran, du nom dont il est complément et traité sur le mode de l'abstraction et de la grandeur. Les groupes «si peu»/«plus grande» se correspondent et se corrigent. Les trois compléments, tous introduits par la préposition «de», par un effet de trompe-l'œil semblent figurer un ordre de l'éloignement ; une telle composition reprend la valeur du tiret du mouvement précédent ; enfin sont annoncés «les autres», ceux qui supportent la complétude la plus douloureuse, et la plus désirable, au regard de celle qui les regarde et voudra en être regardée.

L'attente, l'espace vont être comblés : «d'autres» vont apparaître comme des ombres sur un rectangle de lumière. Mais qui sont-ils et qui sont «les autres» évoqués par la peur de Lol ? Ceux qui répondront aux noms de Tatiana Karl et de Jacques Hold, des personnages du roman, dont le récitant, qui tous répéteraient la scène du bal et, en la répétant, en aggraveraient le pouvoir séparateur ? Plus simplement «les autres» — le texte le dit explicitement ensuite —, ce sont ceux que Lol laisse très loin d'elle dans la peur, qu'elle abandonne aux rives de la raison. Lol se dispose résolument au ravissement, à l'extase, comme radicale séparation de tous. Peut-être Lol rejoint-elle, plus séparée encore de tous, le lieu défini comme la séparation même, la **folie**.

Conclusion

Le champ de seigle, habité, hanté par Lol V. Stein, devient le lieu de plusieurs expériences fondamentales, toutes **expériences du savoir**, les unes contemporaines, les autres héritières de savoirs anciens et précieux : savoir de l'analyste moderne sur l'inconscient, savoir du mystique sur la relation de l'âme à Dieu, savoir de l'écriture et de ses voix, savoir sur l'amour, savoir sur la folie.

Il semble que Lol, à l'égal de la sorcière de Michelet, ait trouvé dans la vertu de la plante, et de sa saison, «le seigle, le jeune seigle du début d'été», la source des savoirs modernes. Par le ministère de son personnage, Marguerite Duras dialogue avec les savoirs de son siècle et tente même une définition du sujet. Dans la très brève station du champ de seigle, il apparaît que le sujet du savoir, Lol V. Stein, est très fortement marqué par la division, le manque, l'absence, qui a nom «ravissement», et qu'en même temps, celle-ci s'efforce de donner une représentation précise, somptueuse, théâtrale de la scène où cette division du sujet se pense et se réalise.

Le roman «nouveau» y trouve, comme Kundera ne cesse de le proclamer, non sa fin ou celle de ses personnages, mais des formes narratives originales, des rythmes inouïs, un jeu virtuose sur la lettre et le son, une nouvelle figure de la femme, des terres inconnues.

BIBLIOGRAPHIE

Ouvrages généraux sur l'analyse littéraire

FOURCAUT Laurent, *Le Commentaire composé,* Nathan, coll. 128, 1992.

MAINGUENEAU Dominique, *Éléments de linguistique pour le texte littéraire,* Bordas, 1990.

PATILLON Michel, *Précis d'analyse littéraire, 1. Les structures de la fiction,* Nathan, 1983.

PATILLON Michel, *Précis d'analyse littéraire, 2. Décrire la poésie,* Nathan, 1985.

Narration et récit

GENETTE Gérard, *Figures II,* Seuil, coll. Points-Essais, n°106, 1969.

GENETTE Gérard, *Figures III,* Seuil, 1972.

GENETTE Gérard, *Nouveau discours du récit,* Seuil, 1983.

Textes poétiques

AQUIEN Michèle, *Dictionnaire de poétique,* Hachette, coll. Livre de Poche, n° 8073, 1993.

AQUIEN Michèle, *La Versification appliquée aux textes,* Nathan, coll. 128, 1993.

JAKOBSON Roman, « Linguistique et poétique » *in Essais de linguistique générale,* Éditions de Minuit, 1963.

MAZALEYRAT Jean, *Éléments de métrique française,* Armand Colin, coll. U2, 1974.

Textes argumentatifs

BOISSINOT Alain, *Les Textes argumentatifs,* Bertrand-Lacoste, coll. Didactiques, 1992.

Textes théâtraux

PAVIS Patrice, *Dictionnaire du théâtre,* Éditions sociales, 1980.

PAVIS Patrice, *Voix et images de la scène,* Presses universitaires de Lille, 1985.

SCHERER Jacques, *La Dramaturgie classique en France,* Nizet, 1976.

UBERSFELD Anne, *L'École du spectateur. Lire le théâtre 2,* Éditions sociales, 1981.

Typologie des textes

ADAM J.-M., « Quels types de texte ? », *Le Français dans le monde,* n° 192.

COLLECTIF, *Théorie des genres,* Seuil, coll. Points-Essais, n° 181.

DUCROT Oswald, TODOROV Tzvetan, *Dictionnaire encyclopédique des sciences du langage,* Seuil, coll. Points-Essais, n° 110, 1972.

GENETTE Gérard, *Introduction à l'architexte*, Seuil, 1979.

Réception

JAUSS H.R., *Pour une esthétique de la réception,* Gallimard, coll. Tel, 1990.

Rhétorique et stylistique

DUPRIEZ Bernard, *Gradus. Les procédés littéraires, dictionnaire,* 10-18, 1994.

FROMILHAGUE Catherine, SANCIER Anne, *Introduction à l'analyse stylistique,* Dunod, 1991.

FROMILHAGUE Catherine, *Les Figures de style,* Nathan, coll. 128, 1995.

MOLINIÉ Georges, *Dictionnaire de rhétorique,* Hachette, coll. Livre de poche, n° 8074, 1992.

Grammaire

POPIN Jacques, *Précis de grammaire fonctionnelle du français,* Nathan, coll. 128, 1993.

Critique

BARTHES Roland, *Critique et vérité,* Seuil, 1966.

BARTHES Roland, *Le Bruissement de la langue,* Seuil, Points-Essais, n°258, 1984.

CHARLES Michel, « La lecture critique », *Poétique* n° 34, avril 1978.

Ouvrages particuliers utilisés pour les explications de texte de ce livre

Arthur Rimbaud, Œuvre-Vie, Alain BORER éd., (éd. du centenaire), Arléa, 1991.

BORGOMANO Madeleine, « L'histoire de la mendiante indienne », *in Poétique* n° 48, novembre 1981.

BOURDIEU Pierre, *Les Règles de l'art,* Le Seuil, coll. Libre examen, 1992.

GOLDSCHMIDT Victor, *Les Principes du système de Rousseau,* Vrin, 1974.

JOURDHEUIL Jean, « L'escalier de Chatterton », *in Romantisme* n° 38, 1982.

LACAN Jacques, *Le Séminaire*, livre XI, Seuil, 1973.

LACAN Jacques, « Hommage fait à Marguerite Duras du ravissement de Lol V. Stein », *in Cahiers Renaud Barrault* n° 52, décembre 1965.

LÉVI-STRAUSS Claude, *La Pensée sauvage*, Plon, 1962.

MAZOUER Charles, *Farces du Grand Siècle*, Hachette, coll. Livre de Poche, n° 4492, 1992.

Sainte THÉRÈSE de JÉSUS, *Œuvres complètes*, Seuil, 1985.

VIGNY Alfred de, *Œuvres complètes*, Bibliothèque de la Pléiade, anciennes éditions t. 1 (1950), t. 2 (1948) ; nouvelles éditions t. 1 (1986), t. 2 (1993).

INDEX DES NOTIONS

Dans la même collection

Domaine des langue et littérature françaises :

7. Jacques Gaillard, *Approche de la littérature latine*
9. Francis Claudon et Karen Haddad-Wotling, *Précis de littérature comparée*
10. Alain Vaillant, *La Poésie*
12. Bernard Valette, *Le Roman*
14. Laurent Fourcaut, *Le Commentaire composé*
25. Michèle Aquien, *La Versification appliquée aux textes*
28. Emmanuel Bury, *Le Classicisme*
31. Georges Forestier, *Analyse des textes classiques*
38. Alain Pagès, *Émile Zola–Bilan critique*
40. David Fontaine, *La Poétique*
42. Suzanne Saïd, *Approches de la mythologie grecque*
57. Jean Rohou, *Jean Racine–Bilan critique*
65. Annick Bouillaguet, *Marcel Proust–Bilan critique*
70. Georges Sebbag, *Le Surréalisme*
71. Joëlle Gleize, *Balzac–Bilan critique*
79. Alain Couprie, *Le Théâtre*
84. Catherine Fromilhague, *Les Figures de style*
85. Jean Pappe et Daniel Roche, *La Dissertation littéraire*
105. Jean Rohou, *L'Histoire littéraire*
109. Guy Larroux, *Le Réalisme*
113. Gérard Milhe Poutingon, *François Rabelais–Bilan critique*
128. Henri Mitterand, *La Littérature française du XXe siècle*
130. Jean Bellemin-Noël, *Psychanalyse du texte littéraire*
135. Paule Petitier, *Littérature et idées politiques au XIXe*
147. Frédéric Calas, *Le roman épistolaire*
149. Jean-Philippe Miraux, *L'Autobiographie*
162. Yves Reuter, *Le Roman policier*
163. Michèle Aquien et Jean-Paul Honoré, *Le Renouvellement des Formes poétiques au XIXe*
164. Laurent Fourcaut, *Lectures de la poésie française moderne et contemporaine*
166. Jean-Philippe Miraux, *Le Personnage de roman*
171. Ruth Amossy et Anne Herschberg Pierrot, *Stéréotypes et clichés - Discours, langue, société*

Imprimé en France par Dupli-Print - www.dupli-print.fr

11001806 – (I) - (0,7) – OSB80° - ACT
Dépôt légal : Juin 2005